Arena-Taschenbuch
Band 1759

Freya Stephan-Kühn

Viel Spaß
mit den Römern!

Mit Illustrationen von Rolf Rettich

In neuer Rechtschreibung

7. Auflage als Arena-Taschenbuch 2007
© 1990 by Arena Verlag GmbH, Würzburg
Das Taschenbuch stellt eine leicht gekürzte Fassung der gebundenen Ausgabe dar.
Alle Rechte vorbehalten
Umschlagillustration und Innenillustrationen: Rolf Rettich
Umschlagtypographie: Agentur Bachmann & Seidel
Gesamtherstellung: Westermann Druck Zwickau GmbH
ISSN 0518-4002
ISBN 978-3-401-01759-4

www.arena-verlag.de

Inhalt

Einige Personen dieses Buches

480/460 v. Chr.

Ich weiß, dass ich alles weiß!

Eudoxa. Stammt aus einer uralten Athener Familie. Der Göttin Athene heilig und Wappentier der Stadt Athen. »Eulen nach Athen tragen« bedeutet daher etwa das Gleiche wie »Sand in die Wüste bringen«. Die Eule ist auch heute noch auf griechischen Münzen zu finden. Besonderes Hobby unserer Eudoxa (wörtlich: »hoch geachtet«): Sie versucht ständig zu beweisen, dass sie mehr weiß als die Leser.

Octopus. Feierte am 17. Juli 1980 seinen 4500sten Geburtstag. Besondere Eigenschaften: hat überall die Finger drin.

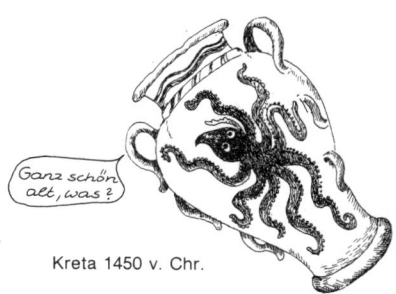

Ganz schön alt, was?

Kreta 1450 v. Chr.

Auluis Minucius, genannt *Pfiffikus*, und seine Schwester *Minucia*, genannt *Mini*. Kinder des Webers Felix Minucius, wohnhaft

Ich bin ein echter Römer. Aber germanische Hosen wären mir doch lieber als eine römische Toga!

in Pompeji, Stadtbezirk I, Block 10. Als im Jahre 79 n. Chr. der Vesuv ausbrach und Pompeji verschüttete, waren sie gerade mit ihren Eltern zu Besuch bei den Großeltern in Rom. Das war ihr Glück, auch wenn ihr Haus im Pompeji verschüttet wurde. Die beiden hatten eine Menge Vettern und Kusinen in allen Teilen des Römischen Reiches.

Viel Spaß mit uns Römern!

Theodorus. Sklave im Hause Minucius. Obwohl sein Name eigentlich »Geschenk Gottes« bedeutet, meint Minucius, er sei wesentlich zu teuer gewesen. Wie die meisten Griechen hält Theodorus die Römer für Barbaren und sich für schön. An und für sich zweifelt er ja nicht daran, dass es Sklaven geben muss; aber

Ich spiele eine wirklich tragende Rolle!

dass es griechische Sklaven bei den Römern und nicht römische Sklaven bei den Griechen gibt, hält er für eine Umkehrung der göttlichen Ordnung, denn wie Obelix ist er überzeugt, dass die Römer spinnen. Sein sehnlichster Wunsch ist es, freigelassen zu werden.

Eine Reise nach Rom

832-753 = .. ? n. Chr.

Unsere Geschichte beginnt im Jahre 832 nach römischer Zeitrechnung. Im Hause des Webers Felix Minucius in Pompeji im Stadtbezirk I, Block 10, herrscht große Aufregung, denn eben ist ein Brief aus Rom angekommen. Die jüngste Schwester von Valeria, der Frau des Minucius, wird am 23. August heiraten. Sie lebt in Rom bei ihrem Vater Romulus Valerius und ihrer Mutter.

Sieben-Fünf-Drei:

Rom kroch aus dem Ei

Die Römer zählten die Jahre ab dem Gründungsdatum ihrer Stadt, für das sie (nach unserer Zeitrechnung) das Jahr 753 vor Christus annahmen.

Eigentlich heißt sie ja wie alle Frauen in der Familie Valerius einfach Valeria, weil Frauen bei den Römern zu dieser Zeit meist keine Vornamen haben, aber weil sie das Nesthäkchen in der Familie ist, wird sie Paula, die Kleine, genannt.

Als Briefpapier dienten bei den Römern Papyrus, Pergament, das aber sehr teuer war, oder besonders häufig Wachstäfelchen. Diese wurden zu je zwei mit der Schriftfläche aufeinander gelegt, zusammengebunden und versiegelt. Außen stand die Anschrift.
So etwas Ähnliches wie diese Wachstäfelchen kannst du herstellen, indem du ein Holzbrettchen mit einer dünnen Knetgummischicht überziehst. Versuch einmal, mit einem spitzen Stift auf einem solchen Täfelchen zu schreiben. Das deutsche Wort *Brief* kommt übrigens von dem lateinischen Wort *breve,* das heißt »kurz«.

9

Der Name *Meile* kommt von lateinisch *mille*, 1000, und bedeutet 1000 Doppelschritte, etwa 1,5 km. 160 Meilen = km?

Natürlich will sich die Familie Minucius das große Ereignis nicht entgehen lassen, und man beschließt, für einige Wochen Betriebsferien zu machen – in der Hitze ist ohnehin nicht viel los – und in die Hauptstadt zu reisen, die ungefähr 160 Meilen entfernt liegt.

Für die Kinder, Pfiffikus und Mini, ist das ein großes Erlebnis, denn sie sind noch nie weit aus Pompeji herausgekommen.

Nach Neapel einmal, wo der Vater geschäftlich zu tun hatte und wo sie bei einem Bekannten des Vaters übernachtet hatten. Aber da waren sie am nächsten Tag wieder zu Hause. Eine Reise nach Rom ist da doch etwas ganz anderes und eine solche Reise will gut geplant sein.

10

Alle Straßen
führen nach
ROM

via appia
via aurelia
via salaria
via praenestina
via flaminia
via nomentana
via latina
via tiburtina
via labicana

13

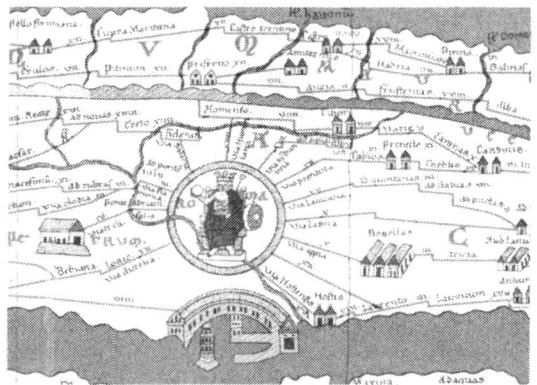

Das ist ein Ausschnitt aus einer Landkarte, wie die Römer sie benutzten. Sie sieht etwas anders aus als Karten heute, aber man konnte erkennen, in welche Richtung man gehen oder fahren musste, wie der nächste Ort hieß und wie viel Meilen es bis dahin waren.

Pfiffikus sieht sofort, dass viele Straßen nach Rom führen. Langsam rollt er die Karte auf und entdeckt, dass man von Pompeji am besten zuerst nach Capua fährt. Von da aus kann man entweder die Via Appia (appische Straße) oder die Via Latina (latinische Straße) nach Rom nehmen.

Wie viele Orte am Weg liegen und was sie für seltsame Namen haben: Aricia, Bovillae, Capua, Formiae, Herculaneum, Neapolis, Tarracina und so weiter und so weiter . . .

Wenn du die Orte, die auf Seite 15 stehen, hier richtig einträgst, erfährst du nicht nur, welche Straße die Familie Minucius genommen hat, sondern auch (von unten nach oben), in welcher Reihenfolge die Orte an der Straße liegen.

Als der Vater sieht, wie interessiert Pfiffikus an den Reisevorbereitungen ist, holt er aus seiner Truhe noch eine Buchrolle heraus. »Hier kannst du lesen, wie unser großer Dichter Horaz eine Reise auf der Via Appia erlebt hat.«

Eine Reise auf der Via Appia

Das große Rom liegt hinter uns. *Aricia* gewährt uns bescheidene Herberge. Von da geht es nach *Forum Appi,* voll gestopft mit Schiffern und schurkischen Wirten. Die Straße von Rom hierhin teilen wir uns aus Bequemlichkeit ein. Eiligere Reisende als wir können sie auch an einem Tag zurücklegen. Aber die Via Appia ist weniger beschwerlich, wenn man langsamer reist. Während meine Begleiter fröhlich zu Abend essen, kämpfe ich mit meinem Magen, den ich mir an schlechtem Wasser verdorben habe. Schon sinken die Schatten der Nacht über das Land und die Sterne gehen auf, da klingt das Geschimpfe der Schiffer und ihrer Sklaven: »Hierhin!« – »Dreihundert bringst du an Bord? Ohe, das reicht.« Eine ganze Stunde vergeht, bis das Fahrgeld eingesammelt und das Maultier angeschirrt ist. Stechmücken! Frösche quaken. An Schlaf ist nicht

zu denken. Endlich fällt der Reisende erschöpft in den Schlaf, aber da lässt auch der Schiffer sein Maultier grasen, legt sich nieder und fängt an zu schnarchen. Der Tag bricht an und wir merken, dass sich nichts bewegt. Ein Fahrgast springt voll Zorn von Bord und lässt den Schiffer und das Maultier seine Peitsche spüren. Zehn Uhr ist es, bis wir endlich von Bord gehen und Hände und Gesicht in einer klaren Quelle laben können. Ganz langsam legen wir jetzt die drei Meilen bis *Taracina* zurück, das uns von weißem Felsen weit entgegenleuchtet. Hier bleiben wir den Tag und ich kann meine entzündeten Augen mit schwarzer Salbe pflegen. Am nächsten Tag machen wir nicht Halt in *Fundi,* sondern reisen weiter bis *Formiae,* wo wir bei Freunden bleiben. *Sinuessa* am nächsten Tag und dann zur *Kampanischen Brücke,* wo uns ein kleines Haus Obdach gewährt und uns der Pächter pflichtgemäß mit Salz und Brennholz versorgt. Am nächsten Tag schließlich kommen wir zur Mittagszeit in *Capua* an . . .

(Nach einer Satire des Dichters Horaz)

Jetzt sieht er voller Erwartung dem Beginn der Reise entgegen. Er wenigstens wird der kleinen Mini, die immer wieder zu fragen pflegt, »wie weit ist es noch nach Rom?«, Antwort geben können.

Die Via Appia führt durch die Pontischen Sümpfe. Von *Forum Appi* aus konnte man 16 Meilen dieses Weges zu Schiff auf einem Kanal zurücklegen. Das Schiff wurde von einem Maultier auf einem Treidelpfad am Ufer gezogen. Um Zeit zu sparen, wurde dieser Teil des Wegs oft nachts zurückgelegt.

Auf einer Straßenkarte heute kannst du die Städte Ariccia, Terracina, Formia und Capua sicher finden. Welche Nummer hat die Straße, die heute ebenso wie die alte Römerstraße verläuft?

19

Rom ist eine große Stadt, die viel zu bieten hat

Valeria: Also wenn ich das gewusst hätte, wäre ich doch lieber seekrank geworden. 5 Übernachtungen in verlausten und lauten Hotels mit unbequemen Betten. Dein Hotelführer taugt nichts. Ganz zu schweigen von meinem Ischias bei dieser Federung und solchen Straßen.

Ich hab' euch einiges aus neuerer Zeit reingepfuscht. Nun sucht mal schön!

Minucius: Heute Mittag ist ja alles vorbei. Der Verkehr wird schon dichter. Wir sind bald in Rom. Hoffentlich kommt es nicht zu Staus. Aber die Verkehrsmeldungen sprechen von störungsfreiem Verkehr.

Polizeioffizier: Halt! Der Wagen bleibt hier. Tagsüber ist Rom Fußgängerzone. Sondergenehmigung nur für Baufahrzeuge. Da drüben ist der Parkplatz.

Valeria: Und was jetzt?

Minucius: Da die U-Bahn streikt, müssen wir wohl zu Fuß weiter. Vielleicht bleibst du mit Minucius und Theodorus bis heute Abend hier und Pfiffikus und ich gehen vor und schicken euch einen ortskundigen Kutscher für heute Abend.

Pfiffikus: Du, Papa, es fängt an zu regnen.

Minucius: Unsinn! Mitten im August. Hier tropft es immer aus der Marcischen Wasserleitung, die genau über uns läuft. Die Tropfen kommen nicht vom Himmel, sondern von 60 Meilen vor der Stadt.

Als sie durch das Tor ins Stadtinnere eintreten, nimmt
es ihnen fast den Atem. Was für ein Drängen und
Stoßen und was für ein Lärm. Warenkörbe am Straßen-
rand, sodass man nur in der Mitte gehen kann. Ein
Frisör rasiert einen Kunden auf der Straße und jemand
warnt den Kunden: »Fremder! Willst du noch nicht das
Schattenreich mit deinem Anblick zieren, so meide den
Antiochus und lass dich nicht rasieren!« Schrecklich

aufdringlich dieser Würstchenverkäufer, der ständig
»Heiße Würstchen« ruft. Dann ist da noch der Lehrer,
der in einem offenen Laden Schule hält und gerade
schrecklich schimpft, weil sich seine Schüler immer
noch ein X für ein U vormachen lassen. Ein Schlangen-
beschwörer hat einen Kreis von Schaulustigen um sich
versammelt. Kaum ein Durchkommen! Da hämmert ein
Kesselschmied an einem Topf herum, um ein Loch zu

verschließen. Überall Bettler. Und dann die vielen Baustellen mit ihren Kränen. Man kann von Glück sagen, wenn man nicht gerade darunter steht, wenn wieder mal ein Balken runterdonnert. Auch den schweren Baufahrzeugen auszuweichen, ohne zerquetscht zu werden, ist ein Kunststück. Glücklicherweise ist mittags die Gefahr nicht so groß, vom Inhalt eines Nachttopfes ge-

troffen zu werden, den sein Besitzer aus einem der oberen Stockwerke der Mietshäuser leert. Dafür muss man Korbträgern, Hunden, Eseln und wohl auch einmal einem entlaufenen Schwein ausweichen. Ein Gang durch die Straßen Roms ist wirklich ein Alptraum. Trotzdem betrachtet Pfiffikus alles mit großer Aufmerksamkeit. Links von ihnen taucht jetzt die Mauer eines großen Bauwerks auf, dem viele Leute zustreben.

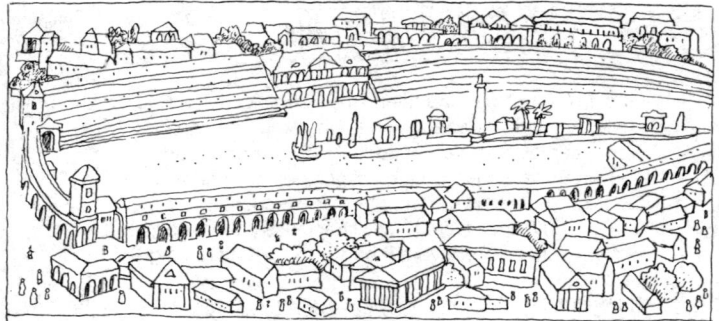

Pfiffikus: Du, Papa, wo wollen all die Leute hin?

Minucius: Das ist der Circus Maximus. Hier finden immer die großen Wagenrennen statt. Du kennst das ja aus dem Film Ben Hur. Aber wir gehen jetzt nach rechts. Der Weg am Zirkus vorbei führt zum Tiber und das ist ein Umweg, auf den wir bei dieser Hitze gut verzichten können.

Der Circus Maximus erstreckte sich im Tal zwischen Palatin und Aventin bis fast zum Tiber und war über 600 m lang und über 100 m breit. Im 4. Jahrhundert n. Chr. soll er Raum für 85 000 Zuschauer geboten haben.

Pfiffikus: Und wo sind wir jetzt?
Minucius: Jetzt sind wir auf der Straße der Triumphzüge.
Gerade vor uns überquert die Claudische Wasserleitung
die Straße. Sie versorgt eine der vielen Thermen mit
Wasser. Vielleicht haben wir Zeit, eine dieser großen Bade-
anstalten zu besuchen. Wenn wir unter der Leitung durch
sind, wirst du die größte Baustelle Roms sehen.

Ich kann mich noch gut an den Triumphzug erin-
nern, den Titus vor 9 Jahren nach seinem Sieg in
Asien erhalten hat. Sicher wird der Senat für ihn
auch einen Torbogen bauen lassen, der diesen
Sieg feiert. Ich kann mir schon richtig vorstellen,
wie der Titus-Bogen aussehen wird.

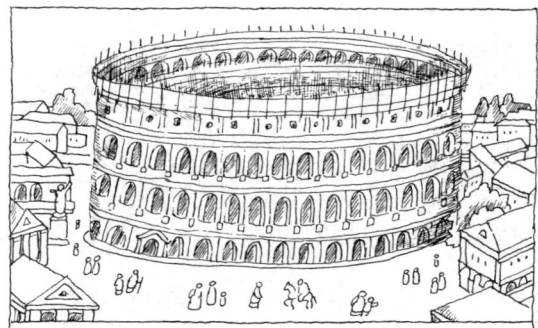

Kaiser Vespasian, der ja, wie wir auch in Pompeji in der Tagesschau gesehen haben, leider vor sieben Wochen gestorben ist, hat hier angefangen, ein kolossales Amphitheater zu bauen. Ich würde mich nicht wundern, wenn man es einmal Kolosseum nennen würde. Es ist fast fertig und Kaiser Titus kann es sicher bald einweihen.

Minucius: Jetzt wollen wir uns nach links halten und dann wirst du etwas sehen, was du noch nie gesehen hast.

Pfiffikus: So viel Marmor! Wo sind wir hier?

Minucius: Das ist das Forum Romanum, der Mittelpunkt Roms und der Nabel der Welt. Die Straße, die über das Forum führt, nennt man die Via Sacra (Heilige Straße). Hier ziehen die Triumphzüge durch, mit denen der Senat die siegreichen Feldherren ehrt.

Eigentlich heißt es ja Kolosseum, weil ganz in der Nähe
eine riesige Statue Neros stand.
Das Kolosseum war ca. 50 m
hoch und fasste 50 000 Zuschauer. Im Amphitheater
(Rundtheater) fanden Gladiato-
renkämpfe und Tierhetzen statt.
Heute leben viele Katzen in den
Ruinen.

Pfiffikus: Guck mal, da vorn! Der kleine runde Tempel brennt. Wir müssen die Feuerwehr holen.
Minucius: Unsinn! Das ist der Tempel der Vesta.
Darin wird von den Vestalinnen, die nicht heiraten
dürfen, ein immer brennendes Feuer gehütet. Aber
wir können uns jetzt nicht alle Tempel ansehen . . .

Wir wollen nur noch nachsehen, ob die Tore des Janustempels geschlossen sind; denn das ist ein Grund zur Freude, weil dann nirgendwo im Römischen Reich Krieg ist.

Als Pfiffikus und sein Vater sich gerade an der Seite des Kapitolshügels vorbei in Richtung Quirinal wenden wollen, ruft plötzlich jemand aus der Menge ihren Namen. Es ist der Großvater, der seinen Schwiegersohn und seinen Enkel erkennt. Er schickt einen Sklaven zur Via Appia, um den Wagen mit Valeria und Mini zu holen, und geht selbst mit Minucius und Pfiffikus nach Hause, wo am Abend Familientreffen ist.

Touristisches Bilderrätsel

Hier sind drei Gebäude, über die Pfiffikus und sein Vater auf ihrem Weg nach Rom gesprochen haben. Wenn du die Namen in die Kästchen einträgst und die Buchstaben wie angegeben neu ordnest, erhältst du eine bekannte Aussage.

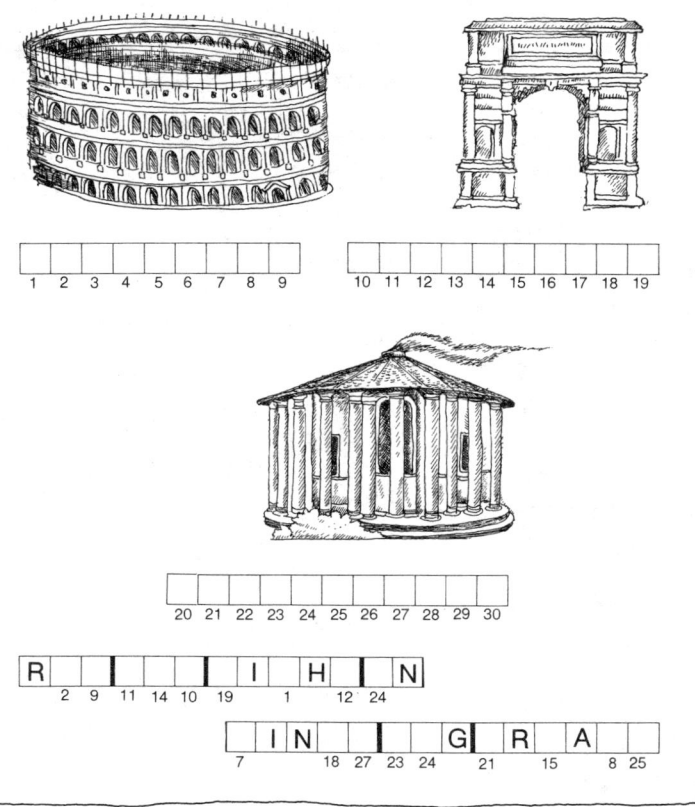

1	2	3	4	5	6	7	8	9

10	11	12	13	14	15	16	17	18	19

20	21	22	23	24	25	26	27	28	29	30

R				I		H		N
2	9	11	14 10	19	1		12 24	

	I	N				G	R		A	
	7			18 27	23 24		21	15		8 25

31

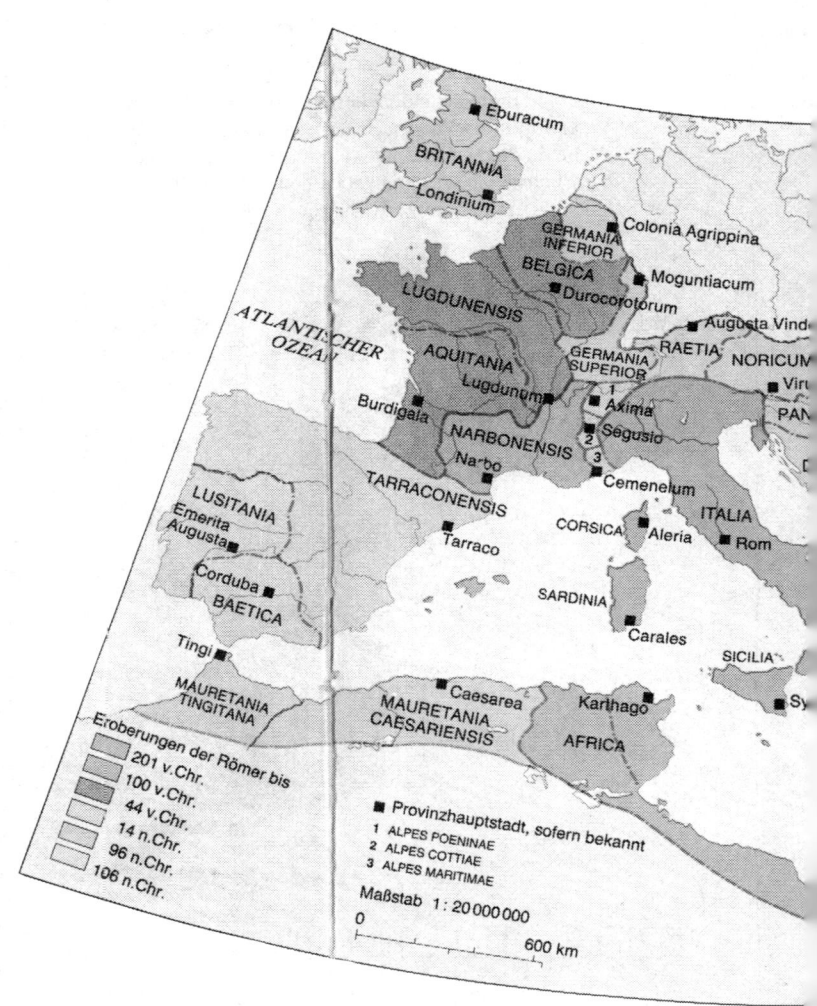

Eburacum

BRITANNIA

Londinium

GERMANIA INFERIOR

Colonia Agrippina

BELGICA

Moguntiacum

LUGDUNENSIS

Durocorotorum

ATLANTISCHER OZEAN

Augusta Vind

GERMANIA SUPERIOR

RAETIA

NORICUM

AQUITANIA

Virt

1

Axima

Lugdunum

Burdigala

PAN

2

Segusio

NARBONENSIS

3

Narbo

Cemenelum

D

TARRACONENSIS

ITALIA

CORSICA

Aleria

Rom

LUSITANIA

Emerita
Augusta

Tarraco

SARDINIA

Corduba

BAETICA

Carales

Tingi

SICILIA

MAURETANIA
TINGITANA

Caesarea

MAURETANIA
CAESARIENSIS

Karthago

Sy

AFRICA

Eroberungen der Römer bis

201 v.Chr.
100 v.Chr.
44 v.Chr.
14 n.Chr.
96 n.Chr.
106 n.Chr.

■ Provinzhauptstadt, sofern bekannt
1 ALPES POENINAE
2 ALPES COTTIAE
3 ALPES MARITIMAE

Maßstab 1 : 20 000 000

0   600 km

untum
Aquincum
Sarmizegetusa
DACIA
Vimnacium
MOESIA MOESIA INFERIOR
SUPERIOR
THRACIA
Amastris BITHYNIA UND
PONTUS
Perinthus Nicomedia
MACEDONIA CAPPADOCIA
Thessalonica Ancyra
Caesarea
EPIRUS ASIA GALATIA
ACHAEA Ephesus Tarsus
LYCIA CILICIA Antiochia
Corinthus UND
PAMPHYLIA SYRIA
Gortyn CYPRUS
Paphos Bostra
CRETA
telmeer Caesarea
JUDAEA
Cyrene
Alexandria ARABIA
CYRENAICA AEGYPTUS

Schwarzes Meer

33

Opa Romulus erzählt

Bis zur Hochzeit sind es noch einige Tage, aber das ganze Haus steht natürlich schon Kopf wegen der Vorbereitungen. Mini und Pfiffikus wollen überall dabei sein und – werden überall wieder weggeschickt. Schließlich landen sie in einem kleinen Garten, der zum Haus gehört. Endlich ein Platz, wo niemand ist, der sie wegschicken könnte. Oder? Sie sind doch nicht allein. Auch der Großvater ist vor dem ganzen Durcheinander geflohen und versucht hier, seinem Schreibsklaven einige wichtige Geschäftsbriefe zu diktieren. Die Kinder staunen, wie schnell der Sklave schreiben kann, denn der Großvater macht kaum eine Pause beim Sprechen. So schnell geht das bei Pfiffikus und Mini noch nicht.

In Rom hatte man ein System der Kurzschrift entwickelt, das es erlaubte, gesprochene Äußerungen im gleichen Tempo aufzunehmen. Sklaven, die diese Kunst beherrschten, waren besonders teuer.

Weil der Großvater sowieso gerade fertig ist, setzt er sich mit seinen Enkelkindern auf eine steinerne Bank, die im Garten steht. Nachdem sie ein wenig herumgealbert haben, fragt Pfiffikus plötzlich: »Du, Opa, wieso heißt du eigentlich Romulus?«

»Tja, das ist eine seltsame Geschichte. Also das kam so. Du weißt, dass wir hier auf dem Quirinalshügel wohnen. Hier in diesem Haus bin ich vor 55 Jahren am 17. Februar geboren worden. An diesem Tag feiern wir in Rom das Fest der Quirinalien, das dem Gott Quirinius geweiht ist. Quirinis aber ist niemand anderer als Romulus, der Gründer unserer Stadt, der nach seinem Tod unter die Götter aufgenommen wurde. Wohl weil ich am Festtag des Romulus auf dem Hügel des Romulus geboren wurde, erschien meinem Vater in der Nacht nach meiner Geburt der Gott Quirinius im Traum und befahl ihm, seinen Sohn nach ihm zu benennen. Nach diesem Vorzeichen zögerten meine Eltern keinen Moment, mir den Namen unseres Stadtgründers zu geben.«

»Du, Opa«, sagt Pfiffikus, »kannst du uns nicht ein bisschen von Romulus erzählen?«

»Gern! Also passt auf! Vor langer Zeit – es ist schon über 800 Jahre her – wohnte hier, wo heute kaum noch Platz für eine neue Hütte ist, kein Mensch. Die sieben Hügel am Tiber waren noch menschenleer. Aber auf dem Weg nach Rom seid ihr auf der Via Appia ganz nahe am Albaner See vorbeigekommen. Dort in der Nähe lag damals die Stadt Alba Longa, die Julius gegründet hatte. Er war, wie ihr sicher wisst, mit seinem Vater Aeneas aus Troja nach Italien gekommen. Hier herrschte vierhundert Jahre nach der Gründung König Proca. Als dieser starb, brach zwischen seinen beiden Söhnen Numitor und Amulius Streit um die Herrschaft aus. Numitor war älter und eigentlich sollte er nach dem Willen des Vaters König sein, aber Amulius vertrieb ihn mit Gewalt vom Thron und verbannte ihn auf ein abgelegenes Gut in der Nähe des Tibers. Und da Numitor ein friedlicher Mensch war und sowieso lieber ein Leben auf dem Lande führen wollte, fand er sich damit ab. Amulius aber gab sich nicht damit zufrieden, den Thron erobert zu haben, sondern wollte auch die Nachkommen Numitors für immer von der Herrschaft ausschließen. Daher ließ er den Sohn seines Bruders ermorden und machte die Tochter, die Rhea Silvia hieß, zu einer Vestalin.

Wisst ihr, was das ist?«

»Ja«, sagt Pfiffikus, »wir haben gestern den Vesta-Tempel gesehen und Vati hat mir erklärt, dass die Priesterinnen der Vesta nie heiraten dürfen.«

»Richtig. Eines Tages aber, als Rhea Silvia aus dem heiligen Wald des Mars reines Quellwasser für den Dienst im Tempel holen sollte, erschien ihr der Gott Mars in einer strahlenden Rüstung und vermählte sich mit ihr. Neun Monate später wurde Rhea Silvia Mutter von Zwillingen.

Mars war der Kriegsgott der Römer

Amulius schäumte vor Wut, als er dies erfuhr. Er rief seine Priester zusammen und beschuldigte seine Nichte, ihr Gelübde der Ehelosigkeit gebrochen zu haben. Da half es der armen Frau nichts, dass ein Gott der Vater der Zwillinge sei. Sie wurde zum Tode verurteilt, an einen großen Stein gebunden und in den Tiber geworfen. Die Sage erzählt allerdings, der Flussgott habe Mitleid mit ihr gehabt und sie zur Frau genommen, sodass sie unsterblich wurde.

Die Zwillinge sollten ein ähnliches Schicksal erleiden. Sie wurden in einen Korb gelegt und auf Befehl des Königs auf dem Tiber, der gerade Hochwasser führte, ausgesetzt. Aber der Flussgott hatte auch mit ihnen Erbarmen und fügte es, dass der Korb am Fuß des palantischen Hügels an den Ästen eines Feigenbaumes hängen blieb. Als nun das Wasser zurückging und der Korb auf dem Trockenen stand, fingen die beiden Knaben an zu wimmern. Das hörte eine Wölfin, die gerade Junge geworfen hatte, und voller Mitleid nahm sie die Kinder an sich und säugte sie, als wären es kleine Wölfe. Auch ein Specht brachte ihnen Nahrung.

Nun war die Gegend damals zwar unbewohnt, aber hin und wieder kamen Hirten vorbei, die hier in den Niederungen am Tiber ihre Herde weideten. So trieb zufällig zu dieser Zeit der oberste Hirte der königlichen Herden, Faustulus, seine Ziegenherde am Fuße des Palatin entlang. Er sah, wie eine Wölfin zwei kleine nackte Kinder leckte. Ein solches Wunder hatte er noch nie gesehen, und da er selbst kinderlos war, nahm er die Knaben an sich und erzog sie zusammen mit seiner Frau, als wären es die eigenen Kinder. Romulus und Remus – so wurden die beiden genannt – wurden sehr kräftige Burschen. Sie zogen mit den Herden umher und es dauerte nicht lange, da waren sie unumstritten die Führer einer ganzen Gruppe junger Männer, die den Hirten des Numitor, der sein Gut in der

Gegend hatte, immer wieder böse Streiche spielten.

Die zwei hatten ja auch Hunger wie ein Wolf!

Eines Tages legten sich diese auf die Lauer und es gelang ihnen, Remus zu ergreifen und vor König Amulius zu bringen. Der aber zeigte kein großes Interesse und sagte nur: ›Wenn Numitor geschädigt worden ist, soll er sich auch um die Sache kümmern.‹ So wurde Remus zu Numitor gebracht. Mittlerweile hatte aber Romulus seine Freunde zusammengetrommelt und drang gewaltsam in das Haus Numitors ein, um seinen Bruder zu befreien. Als Numitor aber plötzlich Zwillinge vor sich sah, deren Ähnlichkeit mit ihm selbst unverkennbar war, ahnte er, wer sie waren. Er stellte noch einige Nachforschungen bei Faustulus an und schließlich gab es keinen Zweifel mehr. Der Großvater hatte seine längst verloren geglaubten Enkel wieder gefunden. Zum ersten Mal hörten nun die

Zwillinge die wahre Geschichte von der Machtergreifung ihres Großonkels, vom Schicksal ihres Onkels und ihrer Mutter und von ihrem eigenen Schicksal.

Ohne zu zögern, stellten sie aus ihren Anhängern und den Hirten ihres Großvaters ein kleines Heer zusammen, drangen in die Königsburg ein und töteten Amulius. Dann riefen sie Numitor zum rechtmäßigen König von Alba Longa aus. Einige Zeit lebten sie bei ihrem Großvater. Auf die Dauer aber gefiel ihnen das geruhsame Leben nicht.

So fassten sie den Entschluss, in der Gegend, wo man sie gefunden hatte und wo sie aufgewachsen waren, eine neue Stadt zu gründen. Männer, die dieses Wagnis mit ihnen unternehmen wollten, fanden sich genug und bald waren die ersten Befestigungsanlagen auf dem Palatin und dem Aventin geschaffen. Aber wer sollte die neue Stadt beherrschen? Romulus oder Remus? Niemand wusste ja, wer der Ältere von beiden war. Man beschloss, den Willen der Götter zu erkunden. Diesen wollte man aus dem Flug der Vögel ablesen. Also machten sich Romulus auf dem Palatin und Remus auf dem Aventin daran, den Himmel zu beobachten. Remus sah als Erster sechs Geier. Kein Zweifel, er war zum König bestimmt. Kaum aber hatte er seinen Anspruch angemeldet, als Romulus in seinem Teil des Himmels zwölf Geier sah.

Auch er erhob Anspruch darauf, König zu sein, weil er mehr Vögel als Remus gesehen hatte. Die beiden stritten sich und in dem Streit spottete Remus über die noch niedrigen Mauern, mit denen Romulus die Grenzen der neuen Stadt markiert hatte. ›Sieh her‹, sagte er, ›ich kann noch leicht darüberspringen.‹ Als er aber seine Worte in die Tat umsetzte, wurde Romulus zornig, nahm sein Schwert und tötete den Bruder mit den Worten: ›So wird es jedem gehen, der meine Mauern überspringt.‹«

»Also, ich muss schon sagen«, meldet sich Mini, »die Geschichte mit der Wölfin und dem Specht hat mir besser gefallen. Mein Bruder ärgert mich ja auch manchmal, aber deswegen bringe ich ihn doch nicht gleich um.« – »Können vor Lachen!«, ergänzt Pfiffikus. »Aber richtig finde ich das auch nicht.«

»Nun«, meint Opa Romulus, »das ist alles so lange her, dass wir nicht wissen, was Sage und Wahrheit ist. Aber von jemandem, dessen Vater der Kriegsgott ist, kann man wohl kein anderes Verhalten erwarten. Romulus war jetzt jedenfalls Alleinherrscher in Rom und machte sich daran, die Stadt auszubauen. Neben dem Palatin und dem Aventin bezog er zunächst den steilen Kapitolshügel in die Stadt mit ein und baute ihn zur Festung aus. Bald dehnte sich die Stadt dann auch über den Quirinal, den Esquilin, den Vi-

Kreuzworträtsel

Waagerecht: 2 Die Mutter der Zwillinge (zweiter Teil des Namens) • 5 Vater der Zwillinge • 7 Dieses Tier säugte die Zwillinge • 10 Hier herrschten 6 senkrecht und später 12 senkrecht • 13 Name von 18 waagerecht, nachdem er unter die Götter aufgenommen war • 15 Auf diesem Fluss wurden die Zwillinge ausgesetzt • 16 Dieser Vogel half die Zwillinge zu ernähren • 17 In ihm soll 18 waagerecht 100 Männer berufen haben • 18 Einer der beiden Gründer Roms

Senkrecht: 1 Zwillingsbruder von 18 waagerecht • 3 Das war 2 waagerecht • Ein Tier aus der Herde von 9 senkrecht • 6 So hieß der böse König • 8 Diese Frucht trug der Baum, an dem der Korb hängen blieb • 9 Er zog die Zwillinge auf • 11 Urgroßvater der Zwillinge • 12 Großvater der Zwillinge • 14 1 senkrecht sah sechs, 18 waagerecht sah zwölf

minal und den Caelius aus, sodass sie mit Recht ›Stadt der sieben Hügel‹ genannt wird.

Da Romulus nicht fragte, woher jemand kam und was er vorher gewesen war, strömten bald von überall her Männer zusammen, die in der neuen Stadt ihr Glück machen wollten. Bald waren es so viele, dass Romulus für die Regierung Berater brauchte, und so ernannte er hundert angesehene Männer zu Senatoren und versammelte sie im Senat. Und ihr habt doch sicher schon vom Senat gehört.«

»Klar! Davon hat uns Vati schon erzählt. Aber hör mal, du sprichst immer nur von Männern? Gab es denn in Rom keine Frauen?«

»Ja, seht ihr, das war ein Problem. Es gab wirklich keine Frauen in Rom und die Einwohner der umliegenden Städte waren auch nicht bereit den Römern ihre Töchter in die Ehe zu geben, denn die Römer hatten nicht gerade den besten Ruf. Da griffen die Römer zu einer List. Sie veranstalteten ein großes Fest mit Wettspielen zu Ehren der Götter und luden hierzu die Bewohner aller benachbarten Städte und Dörfer der Sabiner und Latiner ein. Und diese kamen auch in großer Zahl mit ihren Familien und waren sehr angetan von der freundlichen Aufnahme in Rom. Dann aber, als sie gespannt den Spielen zusahen, stürzten sich plötzlich die Römer auf die Gäste und entführten alle Mädchen. Vol-

Ich hätte acht Sabinerinnen um die Finger gewickelt!

ler Verwirrung und voller Wut kehrten die Sabiner und Latiner, die ohne Waffen gekommen waren, in ihre Städte und Dörfer zurück, nicht ohne den Römern Rache zu schwören.

Als Erste rüsteten die Latiner ein Heer aus, das aber von den Römern besiegt wurde. Aus Dankbarkeit für diesen Sieg errichtete Romulus dem Jupiter einen Tempel auf dem Kapitol. Das war der erste Tempel in Rom. Dann aber zog das Heer der Sabiner heran und in dem Tal zwischen Palatin und Kapitol, wo heute das Forum ist, kam es zu einem erbitterten Kampf. Plötzlich aber geschah etwas Unerwartetes. Die geraubten Sabinerinnen, die jetzt die Frauen der Römer waren, stürzten sich zwischen die beiden Heere und riefen, sie wollten weder als Waisen noch als Witwen leben, und flehten die Römer an, ihre Väter, und die Sabiner, ihre Ehemänner zu verschonen. So schloss man Frieden und noch mehr: Römer und Sabiner vereinigten sich zu einem Volk und bildeten gemeinsam einen Staat mit Rom als Hauptstadt. So wurde Rom unter der Herrschaft des Romulus zum mächtigsten Staat in der Mitte Italiens.

So, jetzt kennt ihr die Sagen von Romulus und wisst, was mein Vorname bedeutet. Ich schlage vor, jetzt wollen wir sehen, ob wir etwas zu essen bekommen.«

»Eine gute Idee«, seufzt Mini, »mein Magen knurrt schon die ganze Zeit und von Männern, die Frauen in den Tiber schmeißen und Mädchen entführen, will ich auch nichts mehr wissen.«

⚉ Hügelquiz

Rom wird die Stadt der sieben Hügel
genannt. Die Namen der sieben Hügel
hat Opa Romulus erwähnt. Wenn du
diese Namen richtig einträgst, findest
du in den umrahmten Kästchen den Namen
eines Hügels auf dem anderen Tiber-
ufer, der heute sehr bekannt ist.

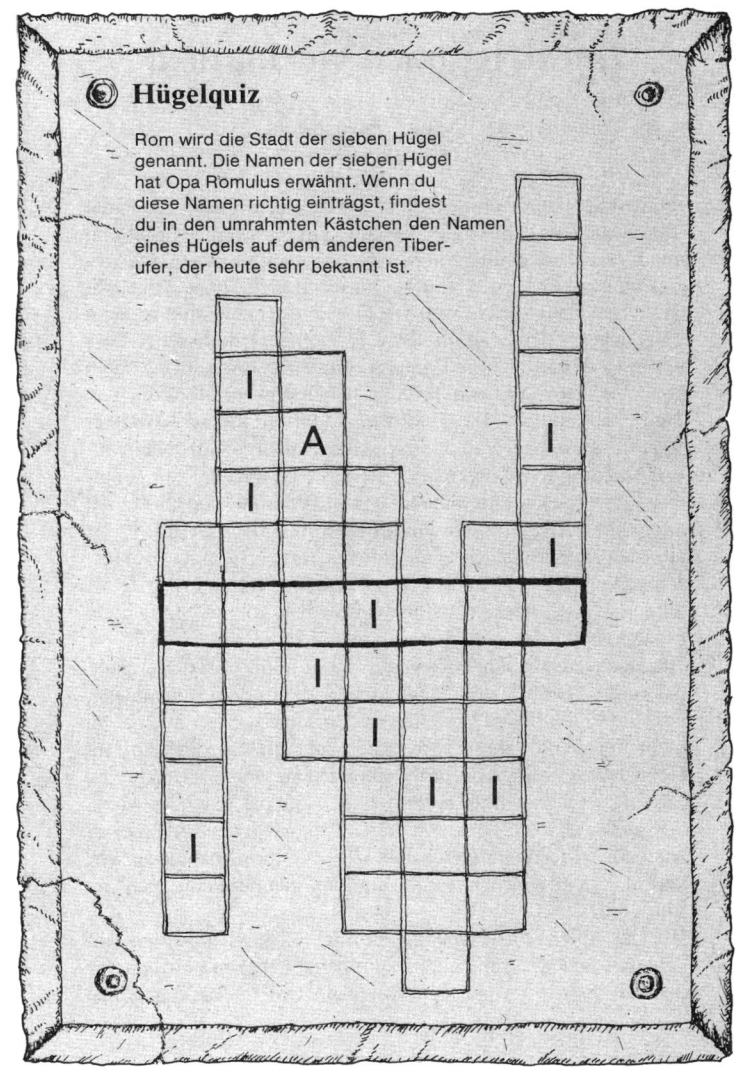

Ein Brief nach Germanien

Mini grüßt Ursula
in der Colonia Claudia Ara Agrippinensium

Eigentlich wollte ich dir, liebe Kusine, ja immer schon mal schreiben, aber bei mir geht das alles ein bisschen langsam und mit der Rechtschreibung habe ich auch noch so meine Schwierigkeiten. Aber hier in Rom hat unser Sklave Theodorus nicht so viel im Haus zu tun, weil wir hier zu Gast sind, und so kann ich ihm heute den Brief diktieren. Du wunderst dich sicher, dass wir in Rom und nicht in Pompeji sind. Also, das kam so. Mein Opa Romulus und Oma Terentia haben uns zur Hochzeit von Tante Paula eingeladen. Und weil Mutti ihre kleine Schwester so gern hat, hat sie Vati überredet die Einladung anzunehmen.

Wir sind mit dem Wagen über die Via Appia nach Rom gefahren. Vier Tage waren wir unterwegs und Pfiffikus und ich fanden alles sehr aufregend; nur Mutti bekam von der vielen Rüttelei auf dem holprigen Straßenpflaster ganz schlimme Ischiasschmerzen. Vati hat zwar gesagt: »Besser fest und holprig als Schlamm und stecken bleiben«, aber das konnte Mutti nicht trösten. Jetzt geht es ihr aber schon wieder besser.

Die Hochzeit war sehr aufregend. Opa Romulus hat uns erzählt, dass er und Oma Teretia Paula nicht gern aus dem Haus lassen, weil sie so ein liebes Mädchen ist. Darum hat er sie auch noch nicht mit zwölf Jahren verheiratet, sondern bis zu ihrem 16. Geburtstag gewartet, bis er ihr einen Bräutigam ausgesucht hat. Ich finde es ja eigentlich nicht richtig, wenn die Väter den Mann aussuchen, den die Töchter heiraten. Wir Mädchen sollten doch auch ein Wort mitzureden haben. Aber Quintius Fabius ist sehr nett und sieht wirklich gut aus und ich glaube, Paula mag ihn sehr gern.

Vor der Hochzeit hat Opa lange mit den Priestern beraten, um den günstigsten Termin herauszufinden. Sie haben sich dann für den 23. Tag im August entschieden, weil dieser Tag genau sieben mal sieben Tage nach dem Geburtstag von Paula und genau sieben mal sieben Tage vor dem Geburtstag von Quintus Fabius liegt und außerdem noch der Festtag des Gottes Vulcanus ist. Ich bin gespannt, an was für einem Tag ich mal heiraten werde. Im Allgemeinen sagt man ja, die zweite Hälfte des Juni stehe unter dem glücklichsten Stern für eine Heirat.

Am Abend vor der Hochzeit hat Paula ihre Puppen und ihre anderen Spielsachen den Ehegöttern geopfert. Ich fand das schade, denn die Puppen waren noch sehr schön, aber Paula sagte, das sei nun mal Sitte und sie wolle nichts verkehrt machen und außerdem sei sie jetzt erwachsen.

Als ich am nächsten Morgen aufwachte, war das ganze Haus schon festlich geschmückt. Überall hingen Kränze und Myrten- und Lorbeerzweige und bunte Bänder. Ich kam gerade noch zurecht, um zu sehen, wie Opa im Atrium einen Schrank auf- machte, in den ich vorher noch nie hineinsehen durfte. Opa sah

dabei so komisch ernst und feierlich aus. Der ganze Schrank stand voller Wachsmasken und Opa erzählte mir und Pfiffikus, der auch dabei war, dass das die Abbilder aller seiner Vorfahren seien, und der Schrank sei am Hochzeitstag offen, damit die Ahnen an der Feierlichkeit teilnehmen könnten. Dann nahm er zwei der Büsten heraus und zeigte sie uns und sagte: »Das hier ist mein Vater und das mein Großvater.« Pfiffikus und ich waren sehr beeindruckt, als wir Großvater so mit Urgroßvater und Ururgroßvater stehen sahen und Pfiffikus hat das Ganze hinterher aufgezeichnet.

Er hat sich auch noch länger mit Opa unterhalten, aber ich bin gegangen, denn ich wollte sehen, wie Paula für die Hochzeit geschmückt wurde. Sie saß gerade in einem hübschen Korbsessel und vier Sklavinnen waren dabei, ihre Haare in sechs Stränge

zu zerlegen und mit Bändern zu schmücken. Eine solche Frisur trägt man nur zur Hochzeit. Auf dem Bild sieht Paula gerade ihre Frisur zum ersten Mal im Spiegel.

Und dann stand sie auf und ich sah sie in ihrem Brautkleid, das weiß war und bis zu den Füßen reichte. Einfach göttlich! Sie bekam dann noch einen orangefarbenen Schleier, der das Gesicht bedeckte, und dann war sie für die Trauung fertig.

Auch Quintus Fabius und seine Eltern waren inzwischen angekommen und Opa brachte die Nachricht, dass die Götter ein Opfer am Morgen gnädig angenommen und gegen die Hochzeit nichts einzuwenden hätten.

Das ganze Haus war jetzt voller Leute, denn nicht nur die zehn Trauzeugen waren da, sondern auch eine Menge von Freunden und Bekannten beider Familien. Weil Mutti bei der Zeremonie eine wichtige Rolle spielte, durfte ich ganz vorn mit dabei sein, sonst hätte ich bei den vielen Leuten bestimmt nichts gesehen. Mutti durfte der Braut bei der ganzen Zeremonie beistehen. Weil dies nur besonders würdige Matronen tun dürfen, war es eine große Ehre für sie, dafür ausgewählt worden zu sein. Auf dem Bild siehst du, wie sie gerade die rechte Hand von Paula in die rechte von Quintus legt. Das war der feierlichste Augenblick und Oma Terentia hat vor Rührung geweint. Mich kannst du auch auf dem Bild sehen. Ich halte eine Hochzeitsfackel in der Hand. Da Paula und Quintus schon vor den Zeugen den Ehevertrag unterschrieben hatten, waren sie jetzt richtig Mann und Frau.

Wir haben dann ein ganz tolles Hochzeitsessen bekommen. Nach dem Essen umarmte Paula ihre Mutter. Da kam plötzlich Quintus und packte sie am Arm. Sie erschrak fürchterlich und versuchte sich an Oma festzuklammern, aber Quintus riss sie mit Gewalt weg. Ich schrie, er solle meine Tante in Ruhe lassen, aber da lachten alle und erklärten mir, das alles sei ein alter Hochzeitsbrauch und erinnere an den Raub der Sabinerinnen. Na ja, die Geschichte kannte ich schon und so war ich beruhigt. Auch Paula lachte schon wieder. Sie ließ sich eine Spindel und einen Spinnrocken geben, um zu zeigen, dass sie sich von jetzt an um den Haushalt im Hause ihres Mannes kümmern werde,

und dann formierte sich der Hochzeitszug. Ich durfte neben Paula gehen und Pfiffikus ging vor uns her und schwenkte eine brennende Fackel aus Weißdornholz, weil das Glück bringt. Alle Leute, die in dem Zug mitgingen, waren sehr lustig und sangen eine Menge Lieder, die ich nicht verstanden habe. Als ich Mutti fragte, was die Lieder bedeuteten, sagte sie, dazu wäre ich noch zu jung und später würde ich das dann schon verstehen. Die Erwachsenen reden sich auch immer nur raus. Auch Quintus Fabius war sehr lustig. Er hatte lauter Nüsse unter die Kinder geworfen, die bei dem Hochzeitszug dabei waren. Ich habe auch ein paar mitbekommen, aber ich habe sie alle wieder verloren, als ich mit Pfiffikus »Paar oder Unpaar« gespielt habe.

Nach einer halben Stunde kam der Zug am Hause des Quintus Fabius an, Quintus, das heißt eigentlich ist er ja Onkel Quintus, fragte Paula am Eingang des Hauses nach ihrem Namen. Ich fand das seltsam, denn eigentlich hätte er den doch inzwischen behalten können. Und dann sagte Paula: »Wo du Gaius bist, bin ich Gaia.« Da habe ich überhaupt nichts mehr verstanden, weil er doch Quintus Fabius und nicht Gaius und sie Valeria Paula und nicht Gaia heißt. Aber Mutti hat mir dann gesagt, das wäre auch so ein alter Hochzeitsbrauch. Dann hat noch jemand Paula über die Schwelle ihres neuen Hauses gehoben. Als ich meinte, das Stückchen hätte sie auch noch alleine geschafft, sagte Vati, ich sollte endlich meine dummen Bemerkungen lassen, und Paula müsse über die Schwelle gehoben werden, damit sie nicht aus Versehen beim Eintritt in das Haus stolpere, weil das ein ganz schlechtes Vorzeichen wäre. Wir sind dann noch alle mit ins Haus gegangen und haben zugesehen, wie Paula den Göttern des neuen Hauses das vorschriftsmäßige Opfer brachte, und dann haben wir Paula und Quintus allein gelassen.

Gestern waren wir dann alle zum Essen bei Paula eingeladen. Sie hatte zum ersten Mal ihr Matronenkleid an und sah so richtig würdig aus. Jetzt hoffe ich, dass ich bald einen kleinen Vetter oder eine kleine Kusine bekomme.

So, jetzt muss ich aber Schluss machen, denn Theodorus behauptet, er bekommt einen Schreibkrampf, wenn ich noch länger diktiere. Bitte grüße deine Eltern und deine Brüder Antonius und Titus von mir. Auch Pfiffikus lässt grüßen.

Lebe wohl!

Geschrieben am 25. August des Jahres 832 nach Gründung der Stadt.

Ein schwarzer Tag

Fünf Tage liegen die Hochzeitsfeier-
lichkeiten jetzt zurück und morgen
will Minucius mit seiner Familie zurück nach Pompeji. Gleich wenn
Theodorus zurückkommt, wird man
anfangen zu packen. Theodorus ist
zusammen mit einem Sklaven des
Romulus Valerius unterwegs zum
Forum, um die tägliche Zeitung ab-
zuschreiben. Gerade kommt er zurück. Aber warum so bleich? Kein
Wort bringt er heraus. Stumm reicht
er Minucius die Täfelchen mit Neuigkeiten:

Acta Diurna

79 n. Chr.
28. August 832

**Amtliches Organ der kaiserlichen Hofes
mit Neuigkeiten vom Tage**

Pompeji – eine Stadt versinkt
Auch Herculaneum und Stabiae betroffen

*Von unserem Sonderberichterstatter
C. Plinius Secundus aus Misenum*

Seit gestern erreichen die Redaktion beunruhigende Meldungen aus Süditalien. Einen Tag nach dem Fest des Vulcanus brach das Verderben über die Ortschaften am Fuße des Vesuvs herein. Das genaue Ausmaß der Katastrophe ist noch nicht abzusehen. Unser Korrespondent berichtet:

Ich befinde mich hier in Misenum an der Nordseite des Golfs von Neapel, auf dem Gut meines Onkels, des berühmten Naturforschers Caius Plinius Secundus. In den Mittagsstunden des 24. August war von hier aus in südöstlicher Richtung eine seltsame Wolke zu beobachten, die pilzförmig in die Höhe strebte. Unterdessen erreichte uns auch die erste Kunde von einem Ausbruch des Vesuv.

Mein Onkel ist mit einem Schiff unterwegs, um das Phänomen zu erforschen und um den bedrohten Bewohnern der Villen am Fuße des Vulkans zu Hilfe zu kommen.

Fluchtwege

Alle Fluchtwege über Land scheinen durch einen Asche- und Steinregen abgeschnitten. Es fehlt hier aber noch jede Nachricht von der Mission meines Onkels, da mittlerweile eine Sturmflut die Rückkehr über See unmöglich macht.

gewöhnt. In dieser Nacht zogen wir aber den Aufenthalt im Freien vor. Die Wagen, die wir vorsorglich für die Flucht bereitstellen ließen, bewegten sich von selbst und ließen sich auch durch Steine nicht festhalten. Das Meer zog sich weit zurück und ließ viele Meerestiere auf dem Trockenen zurück.

Asche

Von der anderen Seite der Bucht zog drohend eine schwarze Rauchwolke auf und verfinsterte Himmel und Meer. Dann

Gipsabguß einer Leiche, die im Garten des Marcus Lucretius gefunden wurde

Erdstöße

In der Nacht zum 25. August wurden auch wir hier in Misenum durch heftige Erdstöße aus dem Schlaf gerissen, die alles zum Einsturz zu bringen drohten.

Leichtere Erdstöße hatte es auch schon in den vergangenen Tagen gegeben, aber daran sind wir hier in Kampanien

brach auch bei uns pechschwarze Nacht herein, nur gelegentlich von einem Feuerschein unterbrochen. Ein dichter Ascheregen ging auf uns nieder. Den Göttern sei Dank wurde es nach einiger Zeit wieder heller und im Licht der bleichen Sonne sah man, dass alles hoch mit Asche wie mit Schnee bedeckt war.

So weit der Bericht aus Misenum.

Obwohl von meinem Onkel noch jede Nachricht fehlt, ist nach unseren Erlebnissen hier 20 Meilen vom Vesuv entfernt zu befürchten, dass die Orte am Fuß des Berges mittlerweile völlig verschüttet sind. (S. auch letzte Meldungen)

Letzte Meldungen
Katastrophe
Nach letzten Meldungen haben sich die Befürchtungen unseres Korrespondenten bestätigt. Pompeji, Herculaneum und Stabiae sind völlig verschüttet. Zahlreiche Bewohner sind in ihren Häusern und auf den Straßen ums Leben gekommen. An einen Wiederaufbau der Städte und die Rückkehr der Bevölkerung ist nicht zu denken. Der Kaiser wird dem Senat heute ein großzügiges Hilfsprogramm für die betroffene Bevölkerung vorlegen.

Ganz so haben Zeitungen in Rom natürlich nicht ausgesehen. Aber eine zuerst vom Senat und später vom Kaiserhof herausgegebene Zeitung mit dem Namen Acta Diurna (»Beschlüsse des Tages«) gab es tatsächlich. Sie wurde auch in Schreibbüros und von Privatsklaven abgeschrieben und vervielfältigt.

Auch der Naturforscher C. Plinius Secundus und sein gleichnamiger Neffe sind historisch echt. Von dem jüngeren Plinius besitzen wir auch die ausführlichste Schilderung des großen Vesuvausbruchs.

Kaiser Titus wohlauf

Von unserem Hofkorrespondenten
Nur Erfreuliches gibt es vom Hof zu melden. Unser guter Kaiser, der jetzt nahezu zwei Monate im Amt ist, verbrachte den gestrigen Feiertag im Kreis von Freunden. Beunruhigt zeigte er sich über die Meldungen aus Unteritalien.

C. Plinius Secundus gestorben
Soeben erfahren wird, dass der Onkel unseres Korrespondenten, der berühmte Naturforscher C. Plinius Secundus, bei seinem selbstlosen Einsatz zur Rettung der bedrohten Küstenbewohner einem Herzanfall erlegen ist.
Eine ausführliche Würdigung des Wirkens dieses hervorragenden Mannes bringen wir in unserer nächsten Ausgabe.

Zuerst bringt auch Minucius kein Wort heraus. Valeria kommt hinzu. Auch sie liest die Schreckensmeldungen. Ihr schönes Haus in Pompeji und das Geschäft. Werden sie ihre Nachbarn und die beiden Sklaven, die sie zurückgelassen haben, je wieder sehen? Wie soll das Leben jetzt weitergehen?

Nur Opa Romulus bleibt gefasst. »Seht mal«, sagte er, »Vulcanus hat euch doch gnädig verschont, weil ihr seinen Festtag in Rom gebührend gefeiert habt. Ihr lebt und seid gesund, und das ist doch wohl die Hauptsache. Seit Paula aus dem Haus ist, haben wir Platz, sodass ihr fürs Erste hier wohnen könnt. In der Nachbarschaft steht eine kleine Weberei zum Verkauf. Ich hatte euch sowieso schon vorschlagen wollen, hier in Rom eine kleine Filiale aufzumachen, denn für Qualitätserzeugnisse ist hier ein großer Markt. Du hast mir doch erzählt, Felix, dass du einen Teil deines Vermögens über eine Bank in den Seehandel investiert hast. Dieses Geld ist doch nicht verloren und du kannst es zum Kauf dieser Weberei und einiger Sklaven verwenden. Was dir fehlt, will ich dir gern leihen. Für Pfiffikus ist es sicher nicht schlecht, wenn er seine Schulausbildung bei einem guten römischen Grammatiklehrer fortsetzt. Er hat dann auch viel bessere Berufschancen, als er sie in Pompeji gehabt hätte. Mini kann bei ihrer Mutter und Großmutter lernen, was sie braucht.«

So vernünftige Worte verfehlen ihre Wirkung natürlich nicht. Zwar bleiben die Sorgen um das Schicksal der Freunde und Nachbarn in Pompeji, aber Opa hat Recht: Ganz so schwarz sieht die Zukunft wirklich nicht aus.

Das ist (k)ein Kinderspiel

Was man alles mit einer Münze machen kann

Während Minucius und seine Frau einige Zeit brauchen, um über die schlimmen Nachrichten aus Pompeji hinwegzukommen, sind die Kinder schon am nächsten Tag wieder guter Dinge.

Pfiffikus hat auf der Straße einen Semis gefunden. Das ist zwar nur ein halbes As und man kann dafür nicht viel kaufen, aber die Münze ist sehr schön und ganz neu, denn auf der einen Seite zeigt sie schon den Kopf von Kaiser Titus. Auf der Rückseite ist der Bug eines Schiffes zu sehen.

Die Münze ist sehr gut geeignet, um »Kopf oder Schiff« zu spielen. Pfiffikus wirft die Münze in die Luft und Mini und er müssen raten, auf welche Seite sie fällt. Das beschäftigt die beiden eine Weile, aber dann wird es langweilig. Pfiffikus hat eine bessere Idee. Nebenan wird gebaut und die Dachdecker sind gerade dabei, Pechstücke in einem Kes-

Geld stinkt nicht, glücklicherweise ...

Die römische Währung hat sich im Laufe der Zeit mehrfach verändert. Für unsere Zeit gilt:

1 Denar = 4 Sesterzen
1 Sesterze = 4 Asse
1 As = 2 Semis
    = 4 Quadranten

Der Denar besteht aus Silber, die Sesterze aus Messing, Asse und kleinere Münzen waren aus Kupfer. Weil man für kleinere Münzen als ein As im Laufe der Zeit immer weniger kaufen konnte, wurden diese später kaum noch geprägt.

In der späteren Kaiserzeit erschient der goldene Solidus als kostbarste Münze.

Der römische Denar lebt in den jugoslawischen Dinaren fort. Aus dem römischen Solidus wurde der Schilling. Auch das Pfund geht auf eine römische Währungseinheit zurück.

sel zu erhitzen, um damit das Dach abzudichten. Pfiffikus lässt sich ein Stückchen geben und klebt damit die Münze auf den Bürgersteig vor dem Haus. Dann legen Mini und er sich im dunklen Hauseinang auf die Lauer. Zuerst kommt Theodorus vom Markt zurück. Er tritt beinahe auf das Geldstück, aber dann sieht er es blitzen, bückt sich, will es aufheben und . . . hat schwarze klebrige Finger, aber kein Geld in der Hand.

Die Kinder beginnen zu lachen und Theodorus, der schon angefangen hat, ein paar kräftige griechische Flüche auszustoßen, lacht dann doch mit.

In der nächsten halben Stunde gibt es noch oft genug etwas zu lachen und Pfiffikus und Mini lernen eine Menge Flüche kennen, von denen sie bisher nichts wussten. Pfiffikus probiert gleich ein paar davon aus, als er dann selbst vergeblich versucht, die Münze wieder vom Bürgersteig loszubekommen. Theodorus muss erst mit einem Messer kommen, um ihm zu helfen.

Ein römischer Wunschzettel

Auch Opa Romulus hat mittlerweile vom Streich der Kinder gehört. Er ruft sie zu sich und macht ihnen ein überraschendes Angebot. Da sie in Pompeji ihre Spielsachen verloren haben, dürfen sie einen Wunschzettel machen und er will sehen, was er beschaffen kann.

Auf der nächsten Seite findest du den Wunschzettel der beiden. Pfiffikus und Mini haben aber nicht aufgeschrieben, sondern aufgezeichnet, was sie sich wünschen. Kannst du es erkennen?

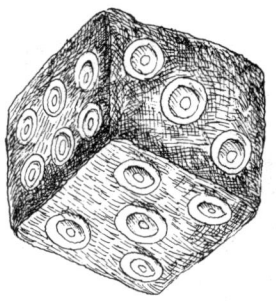

Die Römer hatten nicht nur
einen Stein im Brett

Ob Pfiffikus und Mini alles bekommen haben, weiß ich nicht. Aber es gab ja auch so viele Spiele, für die man keine besonderen Geräte oder nur einen Ball, ein Seil, einen Würfel, ein paar Nüsse oder Steine brauchte. Mit einigen hellen und dunklen Steinen und einem in den Sand oder in eine Steinplatte geritzten Spielplan, wie dem auf der vorigen Seite abgebildeten, den man in Köln gefunden hat, konnte man sich schon recht gut die Zeit vertreiben. Das Spiel kennst du sicher. Hier kannst du es auf einem Original-Spielbrett der Römer spielen.

Neben den Spielwürfeln, wie wir sie kennen, hatten die Römer auch einen länglichen Würfel, der aus den rechteckigen Sprungbeinknöchelchen eines Schafes hergestellt war. Dieser Würfel konnte nur auf einer von vier Seiten zu liegen kommen, die ein, drei, vier oder sechs Augen zählten. Man spielte immer mit vier solcher Würfel gleichzeitig, sodass eine Fülle von Kombinationen möglich wurde.

Bei verschiedenen Glücksspielen um Geld hat manch einer sein ganzes Vermögen verloren. Darum waren Glücksspiele gesetzlich verboten. Trotzdem wurde in vielen Kneipen heimlich gespielt.

Augustus tadelte einmal einen jungen Adligen, weil dieser in kurzer Zeit sein ganzes Erbe verspielt hatte. Nachdem dieser eine Weile zugehört hatte, antwortete er ganz ruhig: »Du musst schon entschuldigen, aber ich habe geglaubt, es gehöre mir.«

Jetzt bin ich wirklich in einer Zwickmühle, wo ich doch nur acht Arme für neun Steine habe!

Ein anderes Brettspiel war das Zwölflinienspiel. Dazu brauchte man einen Würfel und für jeden der beiden Spieler 15 Steinchen. Der Spielplatz sah so aus wie unten.

A setzte seine 15 Steine auf der einen Seite des Spielfeldes in der oberen, B seine auf der anderen Seite in der unteren Hälfte des Spielplans. Ziel des Spieles war es, seine Steine auf die Grundlinie des Geg-

ners zu bringen. Man zog jeweils mit einem Stein um so viele Linien vor, wie man Augen gewürfelt hatte. Man musste genau auf der Grundlinie aufkommen. War das nicht möglich, so musste man einen Stein um die entsprechende Augenzahl zurückziehen. Sieger war, wer zuerst alle Steine auf die Grundlinie des Gegners gebracht hatte.

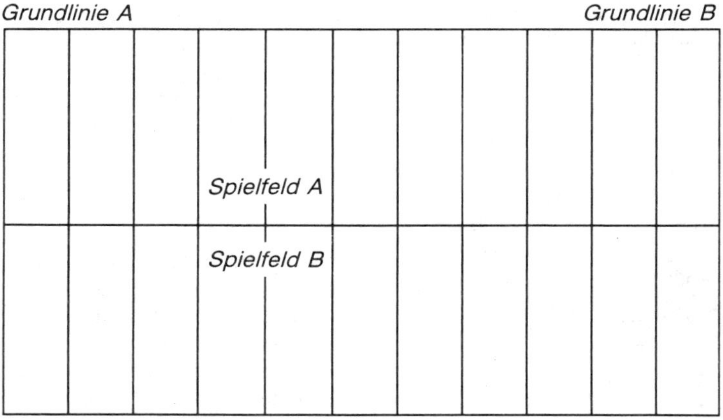

Grundlinie A   Grundlinie B

Spielfeld A

Spielfeld B

Octopus empfiehlt:

Ich spiele das immer am Strand. Als Spielsteine benutze ich Muscheln. Kann ich nur empfehlen. Wenn ihr verschiedenfarbige Muscheln findet, könnt ihr auf die Mittellinie ver-

zichten. Ihr könnt euch dann ja selbst eine Regel ausdenken für den Fall, dass man auf eine Linie zieht, die bereits vom Gegenspieler besetzt ist.

Harte Nüsse

Besonders vielseitig als Spielmaterial waren Nüsse. Mit ihnen konnte man alles machen, was wir mit Murmeln spielen. Man konnte aber auch versuchen, sie aus einiger Entfernung in den engen Hals eines Gefäßes, z.B. einer Amphore, zu werfen.

Beliebt war auch das »Paar oder Unpaar«-Spiel. Ein Spieler nahm, ohne dass der andere es sehen konnte, eine bestimmte Zahl von Nüssen in die Hand und der andere musste

Auch andere »harte Nüsse« gab man sich natürlich auf. Das berühmteste Rätsel im Altertum war das der Sphinx. Wer es nicht lösen konnte, wurde von ihr einen Felsen hinuntergestürzt. Als Ödipus es löste, stürzte sie sich selbst hinab. Hättest du es lösen können?

Was ist das? Am Morgen geht es auf vier, am Mittag auf zwei und am Abend auf drei Beinen.

raten, ob es sich um eine gerade oder ungerade Zahl handelte. Riet er richtig, so bekam er die Nüsse. Riet er falsch, musste er dem anderen so viele Nüsse geben, wie dieser in der Hand hatte. Auf diese Weise verlor Mini alle Nüsse, die sie beim Hochzeitszug aufgesammelt hatte, an Pfiffikus.

Mit Nüssen konnte man aber noch viel mehr. Hier sind zwei Abbildungen. Könnt ihr erkennen, wozu die Nüsse hier dienen? Vielleicht fallen euch für das oben abgebildete Spiel selbst Regeln ein.

Was man sonst noch so spielte

Man spielte auch mit Bällen, die mit Federn, Haar oder Luft gefüllt waren. Ein solches Ballspiel war *Trigon.* Drei Spieler stellten sich im Dreieck auf. Jetzt warf ein Spieler dem nächsten einen Ball zu, den dieser mit einer Hand auffing und dann mit der anderen so schnell wie möglich zum nächsten weiterwarf. Dieser leitete ihn entsprechend an den ersten Spieler zurück. Das ist, besonders wenn es schnell geht, gar nicht so einfach und erfordert eine hohe Geschicklichkeit. Fortgeschrittene können auch mit drei Bällen spielen, die immer gleichzeitig in der Luft sind. In diesem Spiel übten sich auch gern Erwachsene vor dem Bad in den Thermen, wenn sie es nicht vorzogen, Seilchen zu springen.

Zwei beliebte Kinderspiele seht ihr auf den beiden Abbildungen links und rechts unten. Das erste erkennt ihr bestimmt. Auf dem zweiten Bild versuchen zwei Knaben mit einem langen Seil einen dritten zu fangen, der sie seinerseits mit einer dünnen Rute zu schlagen versucht.

Dieses Spiel haben die Kinder von Theodorus gelernt:
Ein Spieler mit verbundenen Augen versucht einen anderen zu fangen,

Das Spiel kenn' ich!

wobei er ruft: »Ich fange die Fliege.« Die anderen schwirren um ihn herum, kneifen ihn und rufen: »Du willst die Fliege fangen, kriegst sie aber nicht.«

Wenn einer von ihnen gefangen wird, bekommt er die Augen verbunden und muss die Fliege fangen.

Das Bild unten ist ein Ausschnitt aus einer Wandmalerei in Herculaneum. Die Knaben haben Flügel, weil sie kleine Liebesgötter (Eroten) darstellen. Vielleicht hast du schon einmal von dem geflügelten Gott Eros (lat. Amor) gehört, der mit seinen Pfeilen auf die Herzen der Menschen zielt, um Liebe zu erwecken.

Man kann aber nicht nur wie die Römer spielen, man kann auch mit ihnen spielen.

Wenn ein neuer Kaiser in Rom die Macht übernahm, wollte er, dass er möglichst rasch im ganzen Reich bekannt wurde. Da es kein Fernsehen gab, ging das am schnellsten, wenn er Münzen mit seinem Bild prägen ließ.

Im Anhang auf den nächsten Seiten findest du 32 Kärtchen. Auf der Bildseite der ersten 16 Kärtchen sind Münzen mit Porträtdarstellungen abgebildet. Darunter steht der Name der dargestellten Person. Auf den anderen Kärtchen sind die gleichen Personen in Form steinerner Büsten dargestellt. Hier findest du den Namen der Personen auf der Rückseite der Kärtchen. Auf der Rückseite der »Münzkärtchen« ist einiges Wissenswerte über die betreffende Person zu lesen.

Kaisermemory

Versuche einmal, ob du zu jedem Münzbild die entsprechende steinerne Büste finden kannst! Ein Blick auf die Rückseite wird dir zeigen, ob du die Merkmale richtig geprüft hast. Du kannst aber auch »Kaisermemory« spielen:

Schneide die Kärtchen aus, mische sie und lege die Kärtchen mit der Münzabbildung und die mit den steinernen Porträts mit der Bildseite nach oben getrennt voneinander aus. Nun versuche die zusammengehörigen Bilder zu finden. Wenn du das Kärtchen mit der Büste herumdrehst, siehst du, ob du Recht hattest. Lass dann die Schriftseite oben liegen, drehe auch das zugehörende »Münzkärtchen« um und lies den Text durch.

Sobald du alle Paare gefunden hast, kannst du mit den Schriftseiten erneut spielen. Suche zu dem Namen der Person auf dem Kärtchen mit der Büste die entsprechende Lebensbeschreibung. Durch Umdrehen des »Münzkärtchens« kannst du überprüfen, ob die Zuordnung richtig war.
Du kannst dieses Spiel allein spielen, aber auch mit einem Partner nach den Regeln von Memory. Sieger ist dann, wer die meisten richtigen Zuordnungen hatte. Wenn du das Spiel hinterher zu gut kennst, kannst du ja auch noch versuchen, aus den Münzdarstellungen oder den Büsten eine Herrschergalerie in der richtigen zeitlichen Reihenfolge herzustellen.

C. JULIUS CAESAR

DOMITIAN

KONSTANTIN

C. JULIUS CAESAR

Lebte vom 13. Juli 100 bis 15. März 44 v. Chr. Stieg im römischen Staat rasch auf. 59 v. Chr. zum ersten Mal Konsul. Unterwarf danach ganz Gallien und machte es zur römischen Provinz. Setzte sich von 49 bis 45 v. Chr. gegen Pompejus in einem Bürgerkrieg durch. War danach praktisch Alleinherrscher in Rom. Da man befürchtete, er werde sich zum König ernennen lassen, wurde er von einer Gruppe von Senatoren ermordet.

Bruder des Titus. Kaiser von 81 bis 96. Betrachtete sich als Gott. Terrorherrschaft. Dehnte das römische Herrschaftsgebiet in Britannien und Süddeutschland aus.

Auch Konstantin der Große genannt. Kaiser von 306 bis 324. Vor einer Auseinandersetzung mit einem Thronrivalen erschien ihm Christus und verkündete unter Hinweis auf das Kreuz: »In diesem Zeichen wirst du siegen.« Nach seinem Sieg stellte er das Christentum mit den anderen Reichsreligionen gleich. Der christliche Sonntag wurde Feiertag. Unter Konstantin Bau einer festen Rheinbrücke in Köln. Ausbau der absoluten Gewalt des Kaisers. Gründung von Konstantinopel als einem neuen Rom.

AGRIPPINA D. J.

TRAJAN

CARACALLA

CLAUDIUS

Geboren in Spanien. Diente sich als Offizier zum Statthalter mehrerer Provinzen hoch. Von Nerva adoptiert. Kaiser von 98 bis 117. Sieg über die Daker und Gründung der Provinzen Dakien (heute Rumänien), Armenien, Mesopotamien, Assyrien und Arabien.

Lebte von 15 bis 59 n. Chr. Geboren in der Ubierstadt am Rhein. Heiratete Kaiser Claudius und setzte Erhebung ihres Geburtsortes zur römischen Kolonie durch. Ließ ihren Sohn Nero von Claudius adoptieren. Vergiftete 54 n. Chr. ihren Mann. Selbst im Jahre 59 von Nero ermordet.

Nach der Ermordung Caligulas 41 n. Chr. eher zufällig zum Kaiser ausgerufen, aber als Kaiser sehr aktiv. U. a. Eroberung Südbritanniens, Gründung von Köln. 54 n. Chr. von seiner Frau Agrippina vergiftet.

Kaiser von 211 bis 217. Unter seiner Herrschaft erhielten 212 alle freien Bewohner des Reiches das römische Bürgerrecht. Sicherung der Limesbefestigungen in Obergermanien und Raetien. Trug germanische Kleidung und hatte germanische Leibwache. In Rom Bau riesiger Thermen.

MARC AUREL

AUGUSTUS

NERO

LIVIA DRUSILLA

Eigentlich der erste Kaiser von Rom. Adoptivsohn seines Onkels Caesar. Ging aus den Bürgerkriegen nach dessen Ermordung als Sieger hervor. Regierte von 27 v. bis 14 n. Chr. Lange Friedenszeit für Rom. Klassische Zeit für lateinische Literatur.

Stammte aus Spanien. Kaiser von 161 bis 180. Berühmter Philosoph. Ließ alle Bürger im Reich in Registern erfassen. Förderte Rechtsprechung und Wissenschaft. Viele Kriege.

Heiratete nach der Scheidung von ihrem ersten Mann im Jahre 38 v. Chr. Augustus. Erwarb großen Einfluss auf dessen Politik und begleitete ihn häufig auf Reisen und Kriegszügen. Erhielt nach dem Tod ihres Mannes den Titel Augusta. Gestorben 29 n. Chr.; 42 n. Chr. von ihrem Enkel Claudius zur Göttin erklärt.

Kaiser von 54 bis 68. Nach gemäßigtem Regierungsbeginn zunehmende Willkürherrschaft. Nach dem Brand von Rom 64 n. Chr. erste planmäßige Christenverfolgungen. Nero hielt sich selbst für einen großen Künstler, trat auch als Wagenlenker im Zirkus auf. Wurde schließlich von seiner Garde verlassen und tötete sich selbst.

HADRIAN

TIBERIUS

Stammte aus Spanien. Von Trajan adoptiert und zum Nachfolger bestimmt. Kaiser von 117 bis 138. Ließ in Britannien den Hadrianswall bauen. Bemühte sich, in zahlreichen Reisen das ganze Reich kennen zu lernen. Verbesserte die juristische Stellung von Frauen und Sklaven. Wiederbelebung der Olympischen Spiele. Bau des Pantheons in Rom.

Nachfolger des Augustus. Kaiser von 14 bis 37 n. Chr. Vor seiner Zeit als Kaiser vergeblicher Versuch Germanien bis zur Elbe auszudehnen. Sicherung der Rheingrenze.

VESPASIAN

TITUS

CALIGULA

NERVA

Sohn Vespasians. Schlug im Jahre 70 den Aufstand der Juden gegen die römische Herrschaft nieder. Regierte zuerst mit seinem Vater zusammen. Allein Kaiser von 79 bis 81. Berühmt für Milde und Großzügigkeit. Vollendete das Kolosseum.

Kaiser von 69 bis 79. Viele Reformen im Steuerwesen und der Landwirtschaft. Beginn des Baues des Kolosseums.

Regierte nur 16 Monate (96 bis 98). Ausbau der römischen Getreide- und Wasserversorgung und der Hilfe für Kinder. Adoptierte Trajan als Nachfolger, weil nur der Beste Kaiser sein soll.

Wuchs in Germanien unter Soldaten auf. Sein Name, eigentlich ein Spitzname, bedeutet »Stiefelchen«. Kaiser von 37 bis 41. Verschwendungssüchtig und grausam. 41 n. Chr. ermordet.

NERO

CARACALLA

CLAUDIUS

AUGUSTUS

LIVIA DRUSILLA

HADRIAN

DOMITIAN

MARC AUREL

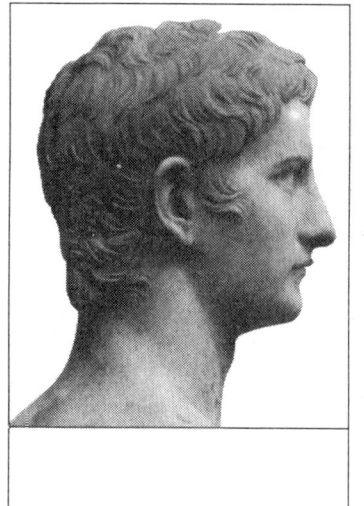

TRAJAN

NERVA

AGRIPPINA D. J.

CALIGULA

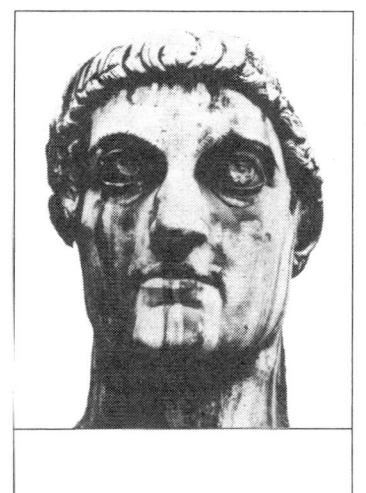 

TITUS

KONSTANTIN

TIBERIUS

VESPASIAN

Nicht für die Schule, sondern für das Leben lernen wir

– Aller Anfang ist schwer –

Als die Schreckensnachricht aus Pompeji gekommen war und der Großvater versucht hatte, die Familie seiner Tochter zu trösten, hatte er auch von einer Schule für Pfiffikus gesprochen. Pfiffikus hatte das gar nicht so gerne gehört, denn wer freut sich nicht, wenn er erfährt, dass seine Schule abgebrannt oder verschüttet ist. Aber dann hatte er sich damit getröstet, dass es ja noch lange hin war, bis die Schulen wieder aufmachten. Denn von Ende Juli bis Mitte Oktober waren Ferien.

Aber jetzt war die Zeit doch gekommen und er war mit seinem Vater unterwegs zu der Schule, die der Großvater empfohlen hatte. Ob der Unterricht genauso langweilig werden würde wie in der Grundschule, wo er lesen, schreiben und rechnen gelernt hatte? Hoffentlich war der neue Lehrer nicht so schlagfreudig wie der in Pompeji, der immer sofort zugehauen hatte, wenn man etwas falsch gemacht hatte. Da drüben in dem kleinen Laden zwischen Bäcker und Fleischer, das musste nach der Beschreibung des Großvaters die Schule sein.

Neugierig blickte sich Pfiffikus im

> Μιλτιάδης Σοφοκλῆς
>
> **Miltiades Sophokles**
> Staatlich geprüfter Lehrer
> der lateinischen und
> griechischen Grammatik
> Kleine Klassen
> – Mäßiges Schulgeld –
> Lektüre aller lateinischen
> und griechischen Klassiker
> und Unterricht in Geschichte
> Geographie Mathematik
> Musik Physik
> und Astronomie
> Sprechstunde: Jederzeit

Klassenraum um. An der Wand hingen Landkarten und auf einem Bord standen ein paar Büsten von berühmten Dichtern. Sie waren schon ganz schwarz von dem Ruß der Öllämpchen, mit denen die Schüler, wenn es morgens noch dunkel war, den Raum erhellten.

Sophokles war mit seinem weißen Bart und seinen weißen Haaren eine würdige Gestalt und eigentlich sah er nicht so aus, als ob er direkt zuschlagen würde. Er war ganz zufrieden, als er erfuhr, was Pfiffikus in der Grundschule in Pompeji gelernt hatte. Nur als er hörte, dass Pfiffikus noch keinen Griechisch-Unterricht gehabt hatte, runzelte er die Stirn. Aber Pfiffikus sagte, er hätte ja schon von Theodorus eine Menge Griechisch gelernt und könnte sogar das griechische Alphabet schon und den Namen SOPHOKLES auf dem Schild an der Tür hätte er sofort lesen können. Das beruhigte Sophokles, und nachdem er mit Minucius das Schulgeld vereinbart hatte, erklärte er Pfiffikus seinen Stundenplan. »Also morgen«, sagte er, »beginnen wir mit der Lektüre des größten römischen Dichters, Virgil. Ihr müsst heute Nachmittag noch eine Ausgabe der Aeneis kaufen. Die preiswerteste Ausgabe findet ihr sicher bei Atrectus gegenüber dem Forum Caesars. Übermorgen schreiben wir einen griechischen Aufsatz, da brauchst du dann deine Schreibtafel und einen Griffel. Merk dir, dass die Schule schon vor Sonnenaufgang anfängt, damit wir die kühlen Morgenstunden nutzen können.«

Pfiffikus versprach sich alles zu merken und dann ging er zusammen mit seinem Vater zum Forum Caesars, um den Buchladen zu suchen. Dieser war gar nicht zu übersehen: Beide Türpfosten und die Säulen der Nachbargebäude waren von oben bis unten mit Anzeigen der Bücher bedeckt, die Atrectus vorrätig hatte oder die man bei ihm zum Abschreiben in Auftrag geben konnte. Ein so oft gefragtes Werk wie Vergils Aeneis sei natürlich vorrätig, sagte Atrectus, griff in eines der vielen runden Löcher, die in der

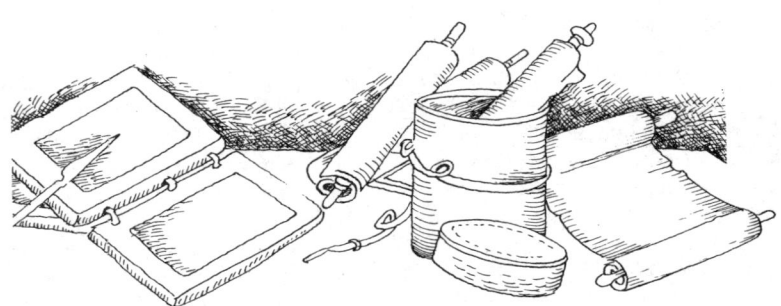

Versuche einmal selbst, eine Buchrolle zu basteln, und überlege, welche Vor- und Nachteile diese beim Lesen gegenüber unseren Büchern hat.

Wand waren, und zog eine Buchrolle hervor. Minucius schluckte ein wenig, als er den Preis erfuhr, aber Bücher sind nun mal Handarbeit und an der Ausbildung seines Sohnes wollte er nicht sparen. So hielt Pfiffikus jetzt sein erstes eigenes Buch in der Hand. Um zehn Uhr abends fand er endlich niemand mehr im Haus, der sein neues Buch noch nicht gesehen hatte, und so konnte er schlafen gehen. Aber einschlafen konnte er auch dann noch nicht.

Als er am nächsten Morgen aufstand und durch die Dachöffnung im Atrium nach oben schaute, sah er, dass es ein schöner Tag war und dass die Sonne schien . . . Die Sonne! Himmel! Sophokles hatte doch gesagt, dass die Schule kurz vor Sonnenaufgang anfangen sollte. Jetzt aber schnell. Für Frühstück war keine Zeit mehr. Ein Frühstücksbrötchen konnte er sich ja in der Pause beim Bäcker neben der Schule holen. Nur noch schnell die Schultasche gepackt. Heute brauchte er Wachstäfelchen und Griffel und morgen dann die Aeneis. Oder? Na ja, für langes Überlegen blieb jetzt keine Zeit. Rasch noch Theodorus zur Begleitung rufen und dann nichts wie weg. Was für ein Betrieb wieder auf der Straße! Endlich – die Schule! Pfiffikus trat ein. Die Klassenkameraden saßen schon da und – er hatte doch die falschen Sachen eingepackt. Das fängt ja gut an.

Weil es der erste Tag war, ließ Sophokles noch einmal Nachsicht walten. Pfiffikus durfte zuhören, wie die anderen Schüler vorlasen. Zunächst war das ja ziemlich langweilig, aber dann kam in der Geschichte die Insel Kreta vor und Sophokles erzählte die Sage von Dädalus, dem Labyrinth und Minotaurus. Das interessierte Pfiffikus und er begann heimlich auf seiner Wachstafel ein Labyrinth zu zeichnen. Den Minotaurus setzte er als kleinen Punkt in die Mitte und dann schrieb er noch drauf: »Labyrinth. hier wohnt er.« Zufrieden betrachtete er sein Werk.

Was dann folgte, war weniger schön, denn plötzlich stand So-

85

Kannst du dir denken, was Pfiffikus und Sophokles sagen?

phokles hinter ihm und Aulus Minucius – so hatte ihn schon lange
keiner mehr genannt – machte die
schmerzhafte Erfahrung, dass die
Geduld von Sophokles auch am
ersten Tag nicht grenzenlos war.

Warum Gajus *Caius* geschrieben wird!
Die Römer hatten keinen eigenen Buchstaben für
das *j*. Ursprünglich hatten sie auch nur ein Zeichen
(C) für *c* und *g*. Später erfand man den Buchstaben
G, indem man einfach einen Strich davor setzte. Der
Name Gajus wurde aber immer noch Gaius geschrie-
ben.

Ein römisches Erziehungsideal
Kannst du die Buchstaben ergänzen?

ΓΙΝ ΓΓΓΙΙΝΠΓΡ ΓΓΙΓΤ

ΙΙΝ ΓΙΙΥΓΙΜΙ ΟΓϽΙΙΝΙΛΓΙΝ ΙΝΙΙΝΙΓΛ

Ein Brief vom Rhein

Ursula aus Colonia Claudia grüßt ihre Kusine Mini in Rom!

Über deinen ausführlichen Brief und die vielen Bilder von der Hochzeit deiner Tante habe ich mich sehr gefreut. Ich wäre gerne dabei gewesen, schon wegen deiner dummen Bemerkungen dort. Der Bote, der den Brief gebracht hat, hat uns auch von eurem Unglück in Pompeji erzählt. Das ist ja wirklich furchtbar. Was werdet ihr jetzt machen? Wenn ihr eine neue Heimat sucht, warum kommt ihr nicht zu uns nach Germanien? Hier gibt es keine Vulkane und keine Erdbeben. Jetzt im Winter ist es zwar etwas kälter als bei euch, aber man kann unser Haus von unten her beheizen. Eigentlich ist es ganz schön, im Warmen zu sitzen, wenn es draußen stürmt und schneit. Und im Sommer ist es hier nicht so unerträglich heiß, sagt Vati immer und er meint, auch der Wein hier wäre nicht so schlecht. Ein Bekannter von Vati, der an der Mosel wohnt, fand das auch. Er sah sehr lustig aus, nachdem er mit Vati die ganze Nacht durchgezecht hatte. Darum habe ich ihn für dich aufgezeichnet. Ich glaube, dass mir das Porträt ganz gut gelungen ist.

Römische Häuser in kälteren Ge-
genden wurden oft mit Hypokau-
sten geheizt. Das sind kleine Zie-
gelpfeiler, auf denen der Fußboden des Hauses ruht. So ent-
stand ein Hohlraum, durch den
von einer Feuerstelle aus heiße
Luft strömte.
Dieses Heizsystem wurde zuerst
für Fischzuchtbecken verwendet
und diente dann vor allem zur
Beheizung der privaten und öf-
fentlichen Thermen.

In diesem Jahr feiern wir unser dreißigjähriges Stadtjubiläum. Ich schicke euch einen zu diesem Anlass herausgegebenen Stadtprospekt mit einem Preisrätsel mit. Vielleicht habt ihr Glück und gewinnt den ersten Preis. Ich glaube, das Rätsel ist nicht schwer. Dann sehen wir uns hier.

Du wärst wahrscheinlich ganz schön überrascht, wenn du hier die vielen seltsam gekleideten Ubierinnen sähest. Auch Mutti, die ja aus einer ubischen Familie stammt, zieht manchmal ihre alte Tracht an. Findest du nicht auch, dass sie darin sehr feierlich aussieht? (Den Hintergrund habe ich mir ausgedacht. Vielleicht sieht Colonia Claudia in 1500 Jahren so aus.)

*Das ist Mutti
in ubischer Tracht*

Mutti kann auch noch richtig Germanisch, aber ich finde diese Sprache ziemlich umständlich. Stell dir vor, die Germanen bezeichnen so einfache Dinge wie *Thermen* und *Aquädukte* mit so komplizierten Wörtern wie *Badeanstalt* und *Wasserleitung*. Und wenn sie erst versuchen Wörter aus unserer Sprache zu übernehmen, zerbrechen sie sich fast die Zunge. Aus *strata* machen sie *Straße,* aus *plastrum Pflaster* und auch *tectum Dach*. Und unsere *colonia* nennen sie *Köln.* Ich lerne das nie!!! Aber Vati hat viel von Mutti gelernt. Er kann das gut gebrauchen, denn er geht auf Handelsreise über den Rhein zu den Germanen, die nicht kultiviert wie die Ubier, sondern noch richtige Barbaren sind. Manchmal reist Vati bis an die Ostsee, weil er da den besten und schönsten Bernstein bekommt. Das ist sehr mühsam, denn auf der anderen Rheinseite gibt es keine Straßen wie bei uns im Römischen Reich. Vati bringt auch Pelze und langes blondes Haar von Germaninnen mit, das bei euch in Rom zu Perücken verarbeitet wird. Ich kann zwar nicht verstehen, was die Frauen in Rom daran finden, denn ich selbst habe blondes Haar und hätte viel lieber schwarzes wie du, aber über Geschmack lässt sich nicht streiten.

Andere Händler bringen aus Germanien auch Sklaven und Sklavinnen mit, denn die Germanen verkaufen ihre Kriegsgefangenen als Sklaven, aber Vati will nicht mit Menschen handeln.

Für die Waren, die er bei den Germanen kauft, bezahlt er entweder mit römischem Geld, das auch die Germanen gerne nehmen, oder er verkauft ihnen Dinge, die er von hier mitnimmt, vor allem Gläser und Tonfiguren. Eine besonders lustige Gruppe von Tonfigürchen, die eine germanische Familie darstellen, schicke ich dir mit. Hoffentlich hast du Spaß daran. Übrigens lässt sich bei den Germanen auch Wein ganz gut verkaufen, obwohl sie eigentlich lieber Bier trinken.

Über meine Brüder gibt es nicht viel zu berichten. Antonius – unser ubisches Hausmädchen nennt ihn immer Tünnes – ärgert mich immer, sodass ich froh bin, wenn er in der Schule ist. Auf

den kleinen Titus muss man ständig aufpassen, damit er nicht wegläuft. Neulich wäre er fast in den Rhein gefallen. Ich glaube, du hast mit deinem Bruder mehr Glück.
Grüß ihn und deine Eltern bitte von mir.
Leb wohl!

Geschrieben am neunten Tag des Monats Januar im Jahre 833 nach Gründung der Stadt Rom.

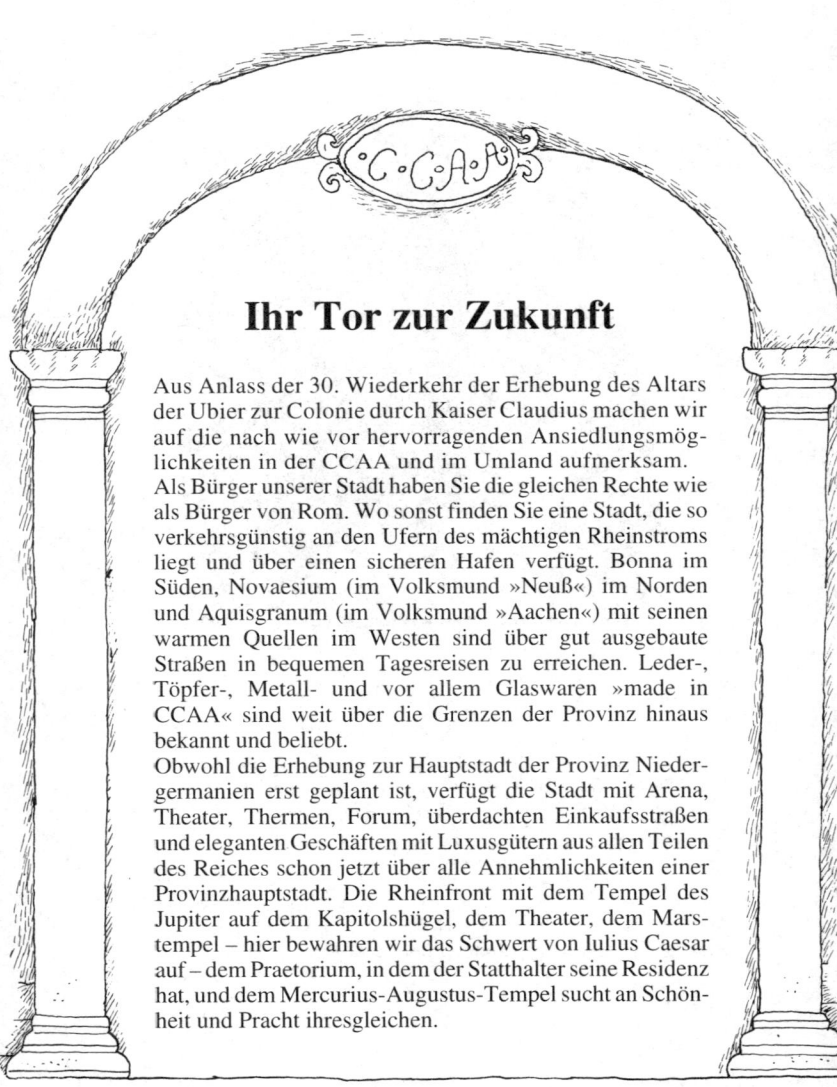

Ihr Tor zur Zukunft

Aus Anlass der 30. Wiederkehr der Erhebung des Altars der Ubier zur Colonie durch Kaiser Claudius machen wir auf die nach wie vor hervorragenden Ansiedlungsmöglichkeiten in der CCAA und im Umland aufmerksam.

Als Bürger unserer Stadt haben Sie die gleichen Rechte wie als Bürger von Rom. Wo sonst finden Sie eine Stadt, die so verkehrsgünstig an den Ufern des mächtigen Rheinstroms liegt und über einen sicheren Hafen verfügt. Bonna im Süden, Novaesium (im Volksmund »Neuß«) im Norden und Aquisgranum (im Volksmund »Aachen«) mit seinen warmen Quellen im Westen sind über gut ausgebaute Straßen in bequemen Tagesreisen zu erreichen. Leder-, Töpfer-, Metall- und vor allem Glaswaren »made in CCAA« sind weit über die Grenzen der Provinz hinaus bekannt und beliebt.

Obwohl die Erhebung zur Hauptstadt der Provinz Niedergermanien erst geplant ist, verfügt die Stadt mit Arena, Theater, Thermen, Forum, überdachten Einkaufsstraßen und eleganten Geschäften mit Luxusgütern aus allen Teilen des Reiches schon jetzt über alle Annehmlichkeiten einer Provinzhauptstadt. Die Rheinfront mit dem Tempel des Jupiter auf dem Kapitolshügel, dem Theater, dem Marstempel – hier bewahren wir das Schwert von Iulius Caesar auf – dem Praetorium, in dem der Statthalter seine Residenz hat, und dem Mercurius-Augustus-Tempel sucht an Schönheit und Pracht ihresgleichen.

Die Trinkwasserversorgung erfolgt über einen sechs Meilen langen Aquaedukt, durch den frisches Quellwasser herangeführt wird. Ein über 50 Meilen langer Aquaedukt ist in der Planung. Er wird Wasser aus der Eifel heranführen und die Anlage öffentlicher Wasserspiele ermöglichen. Für gewerbliche Zwecke steht genügend Bachwasser zur Verfügung.

Keine Gefahr droht den Germanen auf der anderen Rheinseite. Vor über 70 Jahren war der schwarze Tag, an dem Varus mit seinen Legionen von hier aufbrach und im Teutoburger Wald von den Germanen unter Führung des verräterischen Arminius vernichtend geschlagen wurde. Seither hat sich vieles verändert. Mit den Ubiern, die in der Stadt und im Umland leben, verbindet uns eine traditionell gute Freundschaft. Vor den übrigen Germanen schützen uns der Rhein und unsere neue mächtige und prächtige Stadtmauer mit ihren 28 Türmen und neun Toren.

Nordwestlicher Eckturm unserer Stadt, von den Ubiern „Römerturm" genannt.

95

Außerdem sichern die besten Legionen des Reiches im Norden und Süden unserer Stadt die Rheingrenze.

Insgeheim bewundern die Germanen ohnehin unsere feine Lebensart und der Handel mit ihnen ist ein weiterer einträglicher Grund sich hier niederzulassen.

Treffender als mit diesen Worten unseres unlängst verstorbenen Mitbürgers Lucius Poblicius aus Teretia bei Neapel kann man die Vorzüge unserer Stadt nicht ausdrücken.

Dass er hier sein Glück gemacht hat,

verkündet er jedem von seinem 50 Fuß hohen Grabmal vor dem Südtor der Stadt an der Straße nach Bonn.

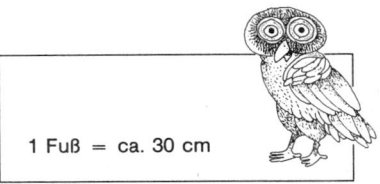

1 Fuß = ca. 30 cm

WANN KOMMEN *SIE* UND ÜBERZEUGEN SICH, DASS ER RECHT HAT?

Preisrätsel

Sollten Sie immer noch zögern, lösen Sie das unten stehende Silbenrätsel und gewinnen Sie einen kostenlosen einmonatigen Aufenthalt in unserer Stadt für sich und Ihre Familie.

Silbenrätsel

Aus den Silben
a-ar-bli-ci-en-ger-gra-i-iup-li-ma-mer-mi-nen-ni-no-num-pel-pi-prae-po
-quis-ri-rö-si-ta-tem-ter-to-turm-um-um-us-us-vae
sind neun Wörter zu bilden, deren Anfangsbuchstaben von oben nach unten gelesen den Namen einer Frau ergeben, die mit unserer Stadt viel zu tun hat.

1 . . . .
Hier fließen warme Quellen

2 . . . .
Sie wohnen auf der anderen Rheinseite

3 . . . .
So nennen die Ubier den nordwestl. Eckturm unserer Stadt

4 . . . .
Dieses Bauwerk steht auf dem Kapitol

5 . . . .
So heißt der Statthalterpalast

6 . . . .
Er steht hoch vor den Toren der Stadt

7 . . . .
Dieser Ort liegt im Norden der Stadt

9 . . . .
An diesen Germanen denken wir nicht gern

Das Lösungswort senden Sie bitte auf einer Tonscherbe oder einem Wachstäfelchen bis zum Ende des Jubiläumsjahres an:

Amt für Siedlerwerbung

CCAA

Provinz Niedergermanien

Geht mehr als eine Lösung ein, entscheidet das Los unter Ausschluss des Rechtsweges.

Unter den übrigen richtigen Einsendungen verlosen wir als Trostpreise zehn hübsche Tonfiguren »made in CCAA«.

Bürger der CCAA sind von der Teilnahme ausgeschlossen.

Falls Sie immer noch Angst vor Germanien haben!

Wir tun alles für Ihre Sicherheit. Ein eingeholtes Orakel beweist, dass die Germanen schon bald ganz vergessen haben werden, wo sie Varus geschlagen haben. Sie werden dem falschen Gebirge den Namen »Teutoburger Wald« geben und erst in fast 2000 Jahren bei Osnabrück die richtige Stelle wieder entdecken.

Wir lassen die Puppen tanzen

Mini sitzt im Garten, Pfiffikus ist in der Schule und Theodorus, den man immer so schön ärgern kann, indem man ihm Octopus-Arme in den Schuhen versteckt, ist zum Einkaufen auf dem Markt. Ganz schön langweilig! Jupiter sei Dank, hat ihr Großvater von seiner letzten Reise nach Griechenland eine hübsche Gliederpuppe mitgebracht und Großmutter hat ihr Kleider machen lassen. Die Puppe heißt Antonius, aber Mini nennt sie nur Toni. Ob sie ihn wohl anziehen soll? Ziemlich warm ist es heute. Komisch, es ist so schwer, die Augen aufzuhalten und Toni ist auf einmal so groß. Toll sieht er aus, wie er da draußen mit nacktem Oberkörper mit seinen Freunden um die Wette läuft. Da, jetzt zieht er die weiße Tunika über, an der der Purpursaum leuchtet, der zeigt, dass er zum Senatorenstand gehört, und kommt ins Haus. »Du, Mini, ich muss zum Forum, der Konsul will mich sprechen. Hilfst du mir, meine Toga anzulegen?« »Beim Jupiter, er könnte mich auch um etwas Leichteres bitten.« Wie war das noch? Pfiffikus hat ihr doch neulich eine Gebrauchsanweisung vorgelesen: »Die Toga sei rund und von gutem Schnitt. Ihr vordere Teil soll bis zu den Knien gehen. Dann soll der hintere Teil doppelt so tief geführt werden wie die Gürtellinie und dann unter der rechten Schulter durch und schräg zur linken Schulter geführt werden. Das hintere Ende der Toga wird dann auf den Rücken umgeschlagen.«

Ob das wohl stimmt? Na immerhin, so wird Toni Eindruck auf den Konsul machen. Was der wohl von ihm will? Vielleicht soll er ein Priesteramt übernehmen. Dann wird er eine neue, reich und bunt bestickte Toga bekommen, die auch den Kopf bedeckt, und sehr feierlich aussehen, so wie Augustus, dessen Statue sie neulich an der Via Labicana gesehen hat . . . Vielleicht soll er aber auch ein Kommando bei einer Legion übernehmen. Die Uniform mit Helm steht ihm ja auch sehr gut und der Militärmantel ist nicht unpraktisch. Hoffentlich muss er nicht nach Germanien. Da ist es doch immer so kalt und regnerisch und man braucht Mäntel mit Kapuze. Vielleicht muss er da sogar beim Ausheben der Lagergräben helfen und ohne Waffe darf man da ohnehin nicht rumlaufen.

Nein, Toni soll doch lieber in Rom bleiben und ihr Äpfel bringen. »Wie komme ich bloß auf Äpfel?« Mini reibt sich die Augen. Vor ihr steht Theodorus mit einem Korb voller Äpfel und neben ihr liegen Toni und die vielen Kleider, mit denen sie spielen wollte.

Ihr könnt die Puppe und die Kleider abzeichnen, ausschneiden und so übereinander legen, dass deutlich wird, wie Mini in ihrem Traum jeweils »ihren Toni« gesehen hat.

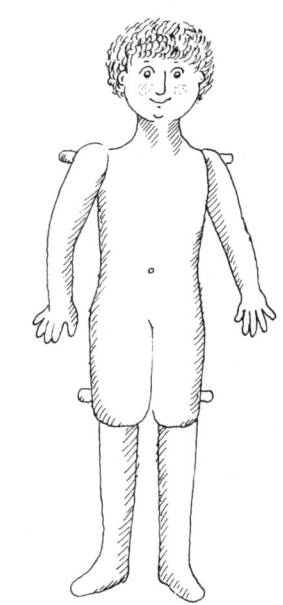

Antonius Eine solche griechische Tanzpuppe aus dem 4. Jahrhundert v. Chr. findest Du im Britischen Museum in London.

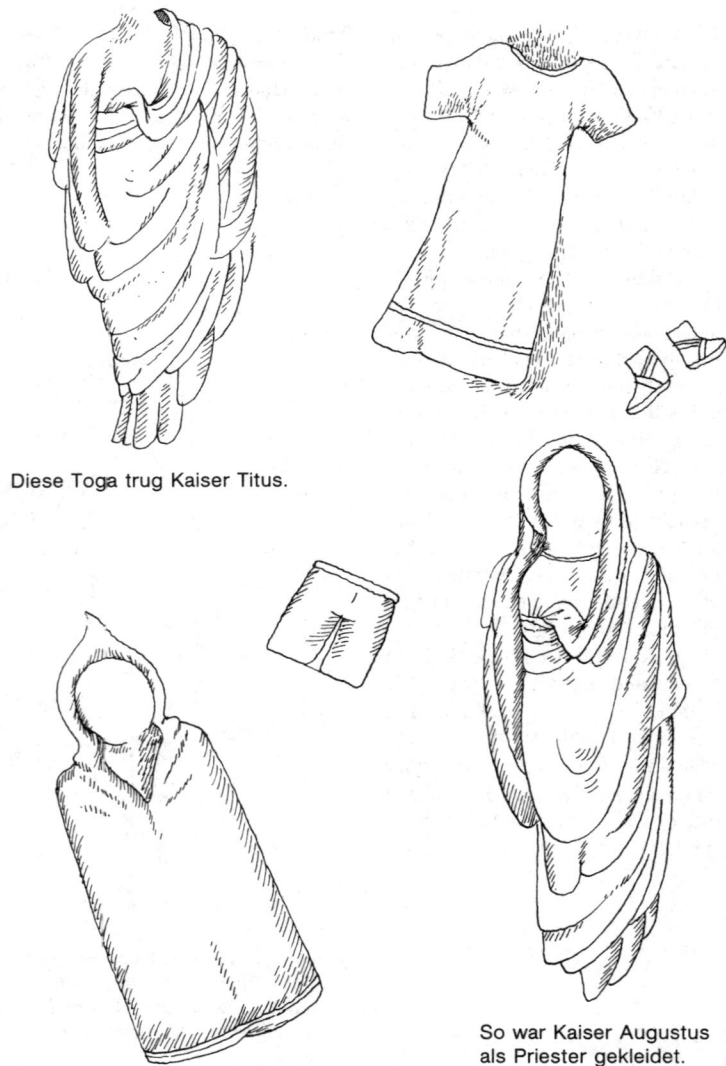

Diese Toga trug Kaiser Titus.

So war Kaiser Augustus
als Priester gekleidet.

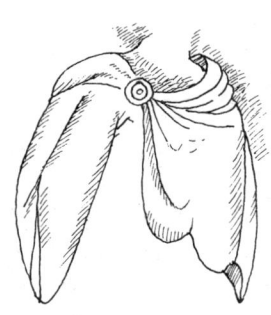

Diesen Mantel trug Kaiser
Trajan als Feldherr.

Eine solche Rüstung trug
Kaiser Trajan.

Dieses Unterkleid trugen die
Soldaten Kaiser Trajans beim
Lagerbau.

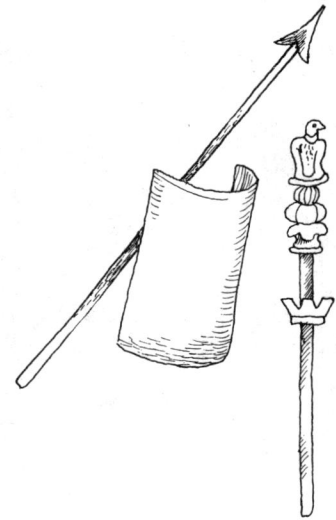

Hier geht es *um*
Drunter und Drüber

Ara Pacis 1. Jh. v. Chr.

Gestern ist Mini mit der Großmutter durch Rom gegangen. Dabei hat sie sehr viele schöne Gebäude und Statuen gesehen. Aber am meisten hat ihr eine Abbildung von Augustus und seiner Familie gefallen. So wie die Livia will sie auch einmal aussehen. Was die für Kleider anhat! Als ihr die Großmutter dann zu ihrem Toni eine Barbara (Ihr könnt euch sicher denken, wie Mini sie nennt!) kauft und ihr zu Hause Kleider für diese Puppe machen lässt, hat Mini nichts Eiligeres zu tun, als ihre Puppe wie Livia anzuziehen. Wie wäre es, wenn ihr ihr helft!

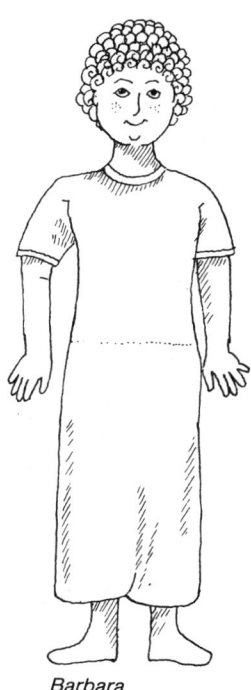

Barbara

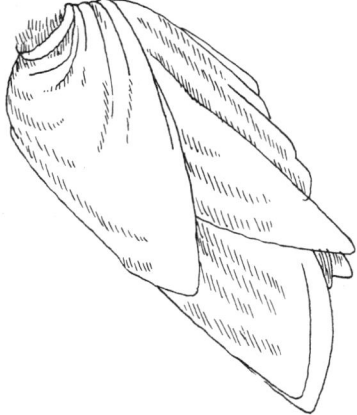

105

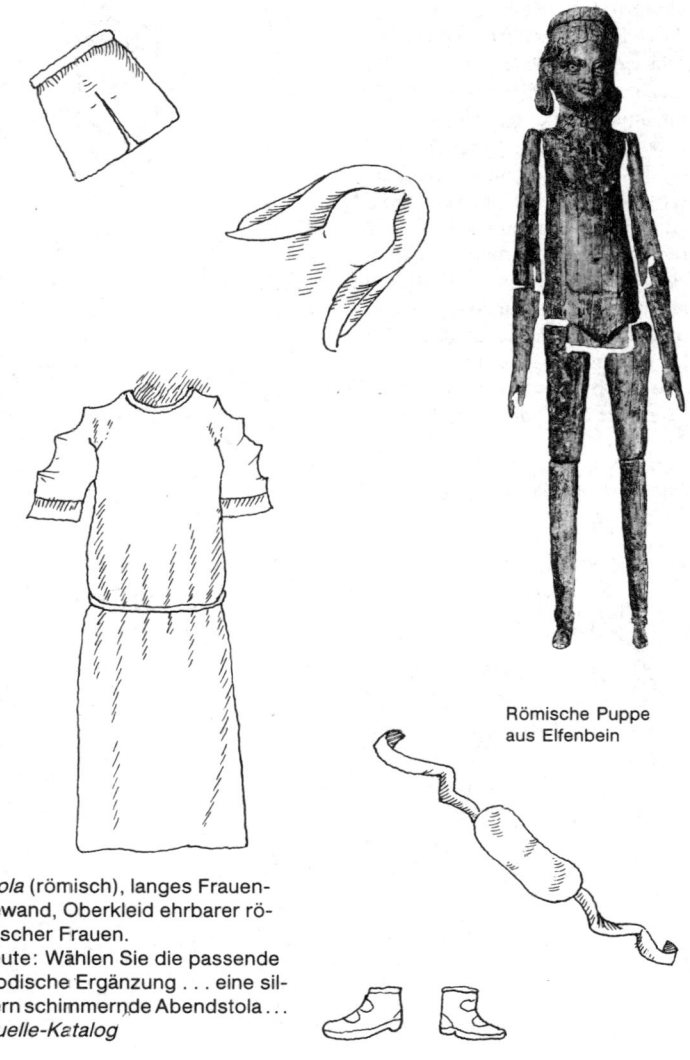

Römische Puppe
aus Elfenbein

stola (römisch), langes Frauen-
gewand, Oberkleid ehrbarer römischer Frauen.
heute: Wählen Sie die passende
modische Ergänzung ... eine sil-
bern schimmernde Abendstola ...
Quelle-Katalog

MINERVA

Die Zeitschrift für die Frau von heute

In dieser Ausgabe:
Frisurenmode in Rom
Kosmetiktips
Frauen von gestern?

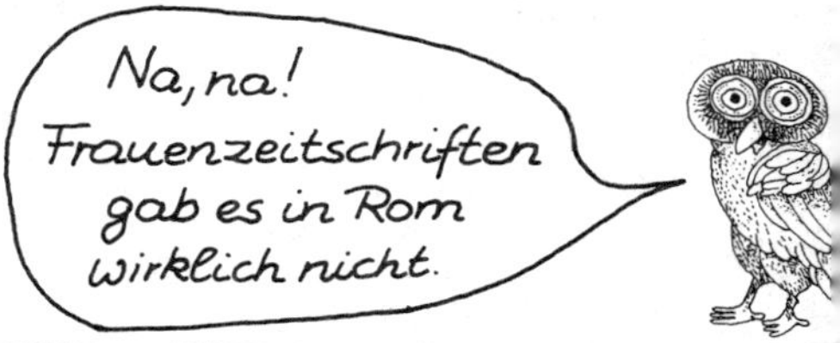

Na, na! Frauenzeitschriften gab es in Rom wirklich nicht.

Kosmetiktipps

Dr. Ovid hilft mit guten Ratschlägen

In letzter Zeit musste ich mich viel in der Sonne aufhalten. Wie bekomme ich wieder eine schöne helle Gesichtsfarbe?
Fragen Sie Ihren Apotheker nach einem Kümmelpräparat.

Wie bekomme ich schöne weiße Zähne?
Putzen Sie sie regelmäßig mit Gerstenschrot, den Sie mit Salz und Honig anmengen.

Was kann ich gegen meinen Mundgeruch tun?
Sehr bewährt hat sich in solchem Fall das Kauen von Lorbeerblättern.

Bei einem Unfall habe ich zwei Schneidezähne verloren. Was kann ich tun?
Ein guter Zahnarzt wird Ihnen Zähne aus Elfenbein anfertigen und einsetzen.

Die neue Welle

So sehen sie also aus: die neuen Frisuren, die zurzeit am Kaiserhof »in« sind. Kunstvoll geflochten oder kess gelockt umschmeicheln sie jeden Kopf. Mithilfe Ihrer Sklavin werden Sie nur ein paar Stunden benötigen und Sie sind up to date.

Modell *Crispula*
Macht Sie um Jahre jünger!

Modell *Lactucia*
Eine Zierde des Hauptes!

Modell *Noctua*
Entzückend das krönende Nest!

Frauen von gestern?

Im 2. Punischen Krieg, als alle Einwohner Roms den Gürtel enger schnallen mussten, wurde den Frauen durch ein Gesetz unter anderem verboten, farbige Gewänder zu tragen. Als nach dem Krieg im Senat über die Aufhebung dieses Gesetzes beraten werden sollte, besetzten Frauen in großer Zahl alle Zugänge zum Forum und flehten die Senatoren an, ihnen den früheren Schmuck zurückzugeben. Als der Konsul Cata in einer Rede in diesem Verhalten der Frauen das Ende der Freiheit für die Männer gekommen sah und befürchtete, die Frauen würden die Herrschaft übernehmen, wenn das Gesetz aufgehoben würde, wurden die Demonstrationen in der Stadt – vor allem Sit-ins – noch heftiger. Binnen kurzem war der Widerstand der Männer gebrochen.

Euer Sklave

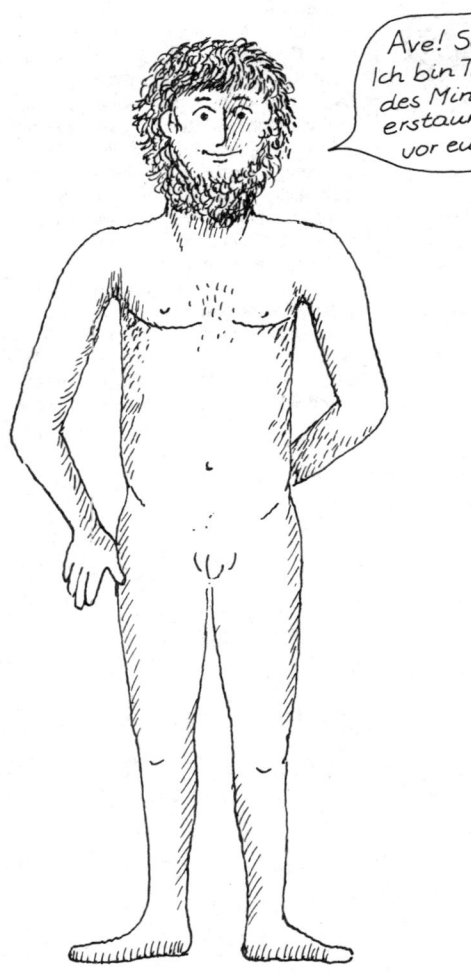

Dazu muss ich euch sagen, dass ich mich gerade mit Pfiffikus im Gymnasium befinde, wo ich ihm im griechisch-römischen Ringen die neuesten Tricks zeigen soll. Ich hab mich eben mit Salböl eingeschmiert, wie das so üblich ist. Vielleicht lege ich noch ein Stirnband an, damit mir die Haare nicht ins Gesicht fallen. Aber nackt sind wir alle hier, denn wir Männer sind hier ganz unter uns.

Wenn ich natürlich – hoffentlich kommt es nie dazu – als Gladiator in der Arena aufträte, müsste ich wenigstens einen Schurz tragen. Denn diese Kämpfe finden öffentlich vor großem Publikum in dem neuen Kolosseum statt.

Jii... Theodorus ist so fettig und klebrig, wie ich schwarz bin. Aber schöne Locken hat er. Ich könnte gelb werden vor Neid!

Bei besonders prächtigen Kämpfen würde ich sogar eine glänzende Rüstung und Waffen bekommen. Diese barbarischen Römer lieben ja vor allem Wettkämpfe, in denen Blut fließt. Die Olympischen Spiele hätten die nie erfunden!

Wenn ich zu Hause arbeite, trage ich eine einfache *Tunika aus grobem Sackleinen* und Sandalen. Für den Fall, dass es mir zu warm wird, habe ich auch eine *Tunika, bei der ich mir den Oberkörper freimachen kann.* Für ganz schmutzige Arbeiten gibt es auch Schürzen, aber die trage ich nicht so gern, ich bin doch keine Frau!

Wenn ich Pfiffikus zur Schule begleite, trage ich eine Tunika mit Gürtel. In der Hand habe ich dann seine Siebensachen: *Wachstafel, Griffel, Bücherrollen* und nicht zu vergessen sein Frühstücksbrot. Manchmal muss ich auf dem Weg von der Schule für meine Herrin Valeria etwas vom Markt mitbringen. Dafür habe ich dann einen Korb.

Wenn ich bei einem Gastmahl bedienen muss, ziehe ich immer meine *schönste Tunika* an. Mein Herr legt darauf viel Wert, weil es um seine Ehre geht. Es ist ja Weber. Aber wenn ich bedenke, wie lange es gedauert hat, bis diese römischen Bauerntölpel etwas von der Eleganz und Schönheit von uns Griechen angenommen haben!

Wenn es regnet, haben wir keinen Schirm. Wer sollte den tragen? Wir haben einen *Mantel mit Kapuze.* Es soll auch Hüte geben, aber die sind nicht für Sklaven, sondern für Freigelassene.

Und hier sind die Kleidungsstücke, die Theodorus zu den einzelnen Anlässen trägt. Wenn ihr die Kennbuchstaben der Kleidungsstücke den einzelnen Textabschnitten richtig zuordnet, ergibt sich übrigens von oben nach unten gelesen ein Wort, das in diesem Kapitel eine große Rolle spielt.

Gaius Iulius Caesar hat im Jahre 65 v. Chr. Gladiatorenspiele veranstaltet, bei denen sich über 300 Paare in silbernen Rüstungen gegenüberstanden. Um sich auf diese Weise beim Volk beliebt zu machen, hat er unheimliche Schulden gemacht.

112

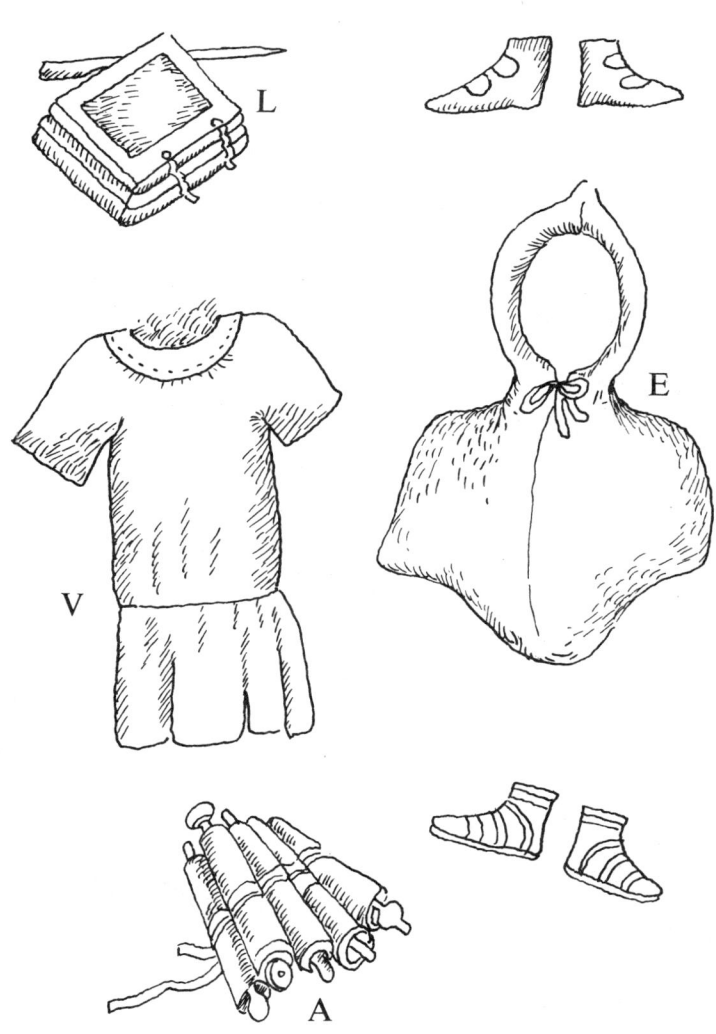

L

V

E

A

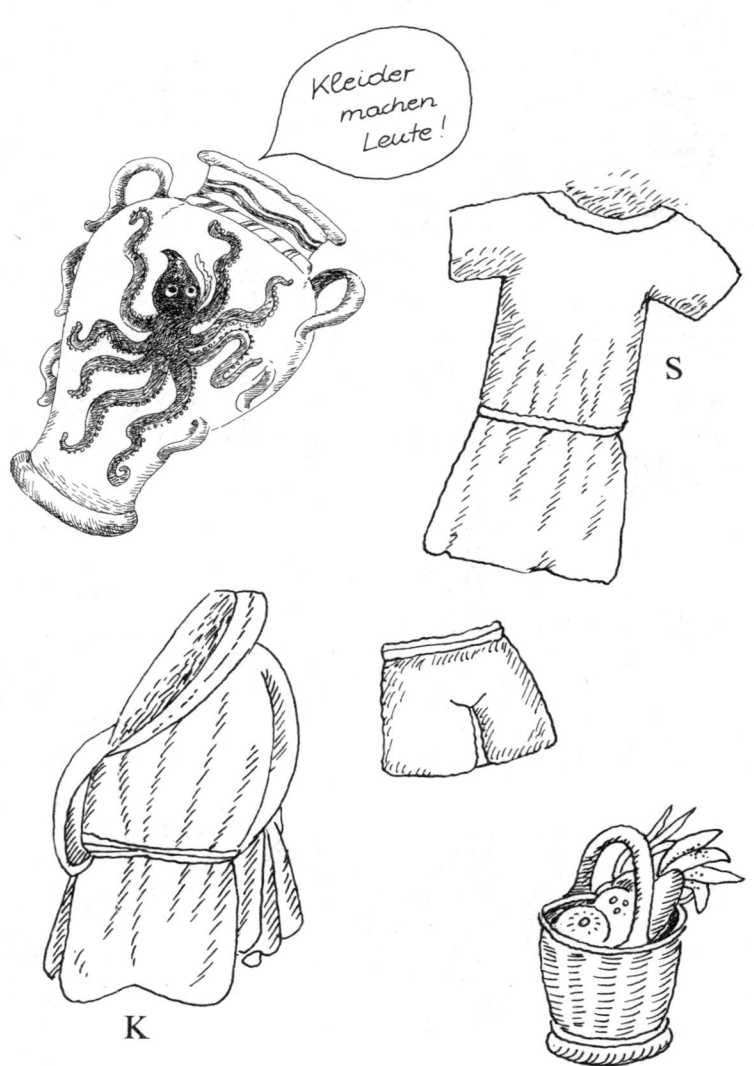

Minucius macht's möglich

Woran erkennst du, dass es sich bei den hier abgebildeten Personen nicht um Römer handelt?

Der Weber Minucius hat sich mit einem Modegeschäft zusammengetan. Man gibt gemeinsam einen Katalog für Herren-, Damen und Sklavenbekleidung heraus. Leider ist der Katalog verloren gegangen. Stelle mit den abgemalten Kleidern einen solchen Katalog zusammen und ergänze passende Bildunterschriften! Die Kleider kannst du farbig anmalen, denn die Römer liebten farbige Kleider.

Senatoren hatten einen breiten, Ritter einen schmalen roten Streifen an der Tunika.

Der Triumphator trug ein mit Palmen besticktes Gewand.

Die Toga bestand meist aus schwerem weißem Wollstoff.

Die Toga der Knaben war mit einem purpurroten Streifen geschmückt.

Der Priester trug bei feierlichen Anlässen eine bunte Toga.

Römische Frauen liebten rote oder goldfarbene Schuhe.

Aus einem Modeprospekt heute:

Die orientalisch gemusterte Tunika mit passender Hose steht auch molligeren Frauen gut. Sie ist gerade geschnitten, hat Seitenschlitze und kann mit oder ohne Gürtel getragen werden.

Und das fanden die Römer
LUSTIG

Während einer Verhandlung fragt ein Anwalt: »Was ist das für ein Mensch, der sich bei einem Ehebruch ertappen lässt?«
Cicero antwortete: »Zweifellos ein langsamer!«

Als Caesar einmal jemanden für einen Tag zum Konsul machte, lästerte Cicero, dieser Konsul habe während seiner ganzen Amtszeit nicht geschlafen.

Nach einem Rundgang durch Rom fragte ein Gast den berühmten Staatsmann Cato, warum denn kein Standbild von ihm in der Stadt zu sehen sei, wo es doch von Standbildern für unbedeutende Männer nur so wimmele. Da sagte Cato: »Ich finde es besser, man vermisst mein Standbild, als dass man sich fragt, warum es da ist.«

»Sieh, Strabo«, sagte Pomponius weinerlich und zeigte an seine Stirn. »Diese Wunde habe ich für dich abbekommen.« – »Selber schuld«, sagte Strabo, »warum drehst du dich auch auf der Flucht um?«

Als Gaius Julius Caesar zusammen mit Bibulus Konsul war, ließ er seinen Kollegen so wenige Entscheidungen treffen, dass der berühmte Redner, Philosoph und Staatsmann Cicero vom Konsulatsjahr des Gaius und des Julius sprach.

Während eines Gelages wurde ein sehr saurer Wein ausgeschenkt. Zu allem Überfluss fing dann auch noch der Hausherr an zu rühmen, der Wein sei vierzig Jahre alt. Da flüsterte Cicero zu seinem Nachbarn: »Ein erstaunlicher Wein, man merkt ihm das Alter kaum an!«

Es hatte, wenn ich richtig wähne,
die Aelia neulich noch vier Zähne.
Sie hustet und in hohem Bogen
kommen zwei herausgeflogen.
Sie hustet noch einmal und sieh:
Zwei weit're fliegen, aber wie!
Jetzt kann sie ohne Sorgen husten,
sie hat nichts mehr herauszupusten.
(Martial)

118

Einmal erzählte jemand Cato ganz aufgeregt, seine Schuhe seien von Mäusen angefressen worden. Was von diesem Vorzeichen zu halten sei? »Gar nichts«, erwiderte Cato lachend. »Ein Vorzeichen wäre es nur dann, wenn die Schuhe die Mäuse angenagt hätten!«

Des Mondes Sicheln sind halb so rund wie deine krummen Waden.
Ich glaube wirklich, Phoebus,
du kannst die Füße im Trinkhorn baden. *(Martial)*

Wer zuletzt lacht . . .

In der Komödie *Mostellaria* (Gespenstergeschichten) des Plautus tritt ein junger Mann namens Philolaches auf. Sein Vater, Theopropides, ein reicher Kaufmann, ist auf einer Handelsreise und der Sohn hat seine Abwesenheit dazu ausgenutzt, um sich viel Geld zu leihen, um seine Freundin Philematium, eine Sklavin, freizukaufen. Als Tranio, ein Sklave des Philolaches, dann aber plötzlich am Hafen den Vater sieht, der früher als erwartet von seiner Reise zurückgekehrt ist, wird die Sache brenzlig.

Eine gute Komödie kann selbst eine hochgebildete Eule zum Lachen bringen.

Zwar kann Tranio den Alten von seinem eigenen Haus fern halten, indem er ihm vorlügt, man habe plötzlich entdeckt, dass in dem Haus einmal ein Mord begangen worden ist und es daher verwunschen sei. Darum sei sein Sohn ausgezogen und das Haus stehe leer. Aber ausgerechnet in diesem Moment begegnet ihm der Wucherer Misargydes, von dem Philolaches das Geld geliehen hat.

Misargydes: He, Tranio! Was ist mit meinem Geld? Wo ist Philolaches?
Tranio: (zu sich) Oh je, der Geldverleiher. Wenn mir jetzt nicht bald was einfällt, platzt die Sache. (laut) Hau ab, du Rindvieh!
Misargydes: Nicht ohne mein Geld!
Theopropides: Geld? Was für Geld? Und was hat mein Sohn Philolaches mit der Sache zu tun? Wie viel schuldet er ihm?
Tranio: Nun . . . er schuldet ihm . . . ein wenig . . . nicht viel . . . so ungefähr 3000 Mark. Sag, du wirst es ihm geben, damit er endlich abhaut.
Theopropides: Erst will ich wissen, was Philolaches mit dem Geld gemacht hat.
Tranio: . . . (zögert ein wenig, dann hat er einen Einfall) Ein Haus! Dein Sohn hat ein Haus gekauft.
Theopropides: Das freut mich aber. Endlich wird er auch ein Kaufmann wie ich. Wo liegt das Haus?
Tranio: (bei sich) Ei verflucht, was jetzt? (laut, auf ein Nachbarhaus

zeigend:) Da, das Haus, dein Sohn hat es von deinem Nachbarn gekauft.

Theopropides: Sehr schön! Das will ich sehen. Geh und frag, ob ich es besichtigen darf. Ich warte hier.

Für einen Moment glaubt Tranio, die Sache sei verloren, aber dann fällt ihm doch etwas ein. Dem Hausbesitzer redet er ein, Theopropides wolle das Haus wegen seiner gelungenen Architektur besichtigen, und seinem Herrn schärft er ein, nur ja nicht auf den Verkauf des Hauses zu sprechen zu kommen, da dieser den Besitzer dieses schönen Anwesens immer noch schmerze. So zieht er den Kopf noch einmal aus der Schlinge. Natürlich kommt dann doch alles heraus, aber als Philolaches Reue zeigt, vergibt sein Vater ihm. Aber es bedarf schon intensiven Bittens aller Beteiligten, bis er endlich auch dem gerissenen Sklaven Tranio verzeiht, dass er ihn so an der Nase herumgeführt hat. Dann aber hat das Stück, wie auch heute noch alle Komödien, ein HAPPY END.

Welche Rolle in diesem Stück würdest du gern spielen? Warum versuchst du nicht einmal, mit ein paar Freunden oder Freundinnen das Stück zu spielen? Als Requisiten brauchst du ja nicht viel mehr als ein paar Tücher, mir denen man römische Kleidungsstücke nachahmen kann.

EIN HAUS
IM GRÜNEN

In der Weberei, die Minucius in Rom übernommen hat, stellt er so gute Stoffe her, dass er die Nachfrage bald kaum noch befriedigen kann. So kann er nach einem Jahr nicht nur das Geld zurückzahlen, das er sich von seinem Schwiegervater geliehen hat, sondern sogar daran denken, ein neues Haus zu bauen.

Valeria, meine Liebe, der ständige Krach mit deiner Mutter geht mir auf die Nerven. Meinst du nicht, wir sollten uns mal auf dem Immobilienmarkt umsehen? Lass bloß meine Mutter aus dem Spiel. Aber mehr Raum könnten wir wirklich gebrauchen. Pfiffikus und Mini werden immer größer.

Schau mal! Da drüben ist ein Architekturbüro.
Ja, komm, wir wollen mal rübergehen.

Sieht so aus, als wären wir hier richtig. Gehn wir mal rein!

Guten Morgen, ich bin Vitruvius Pollio Junior. Was kann ich für Sie tun? Unser Motto: Sie suchen, was wir bauen – wir bauen, was Sie suchen.

Morgen früh führen wir eine Baustellenberatung durch. Hier habe ich einen Prospekt mit einem Ausschneidebogen für den kleinen Sohn. Vielleicht machen Sie sich schon einmal ein Bild!

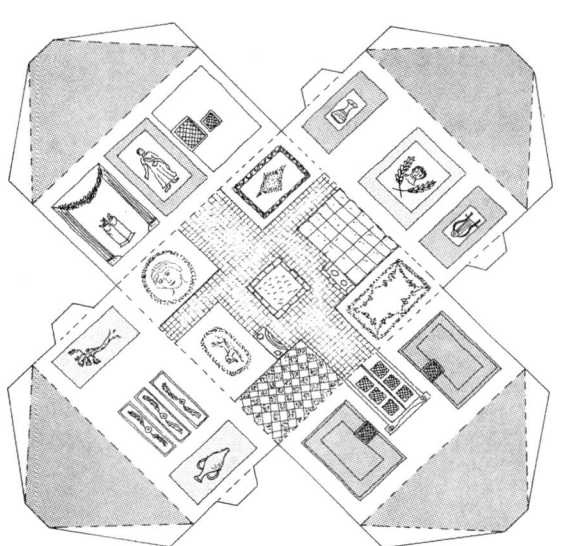

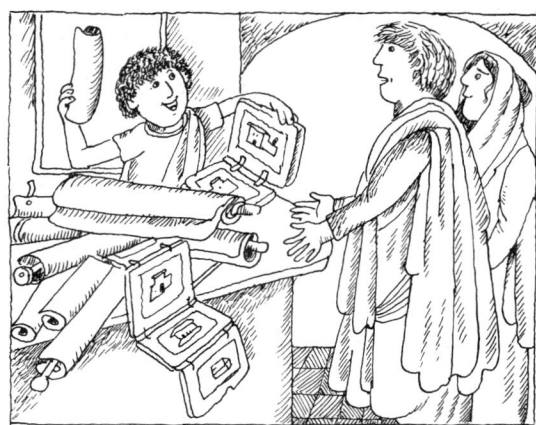

Ich bin sicher, dass wir das Richtige für Sie haben. Wir erschließen gerade eine ganz neue »insula« in einer der bevorzugten Wohnlagen direkt vor der Stadt.

Wohnanlage am Weingarten

In bekannt guter Qualität erstellt das Architekturbüro Vitruvius Pollio Söhne die Wohnanlage Weingarten. Es handelt sich um ein bevorzugtes Einfamilienhausgebiet mit zweiseitig angebauten Wohnhäusern verschiedener Größe und mit variablen Grundrissen. Unser Basismodell folgt dem bewährten Typus des altrömischen Atrium-Hauses. Die vorderen Wohnräume können zu Ladenlokalen umgebaut werden. Das Haus ist an die öffentliche Wasserversorgung angeschlossen, verfügt aber außerdem noch über ein Becken, in dem die von der nach innen geneigten Dachfläche abfließenden Regenmengen gesammelt werden. Das senkt Ihre Wasserrechnungen!

LEXIKON
DER RÖMISCHEN
ARCHITEKTUR

ala	Seitenflügel des Hauses
atrium	offener Innenhof. Hier standen Hausaltar und Herd. Der Rauch konnte durch die Dachöffnung in der Mitte entweichen.
cubiculum	Schlafzimmer
hortus	Garten
impluvium	Regensammelbecken in der Mitte des Atriums
insula	ein auf allen vier Seiten von Straßen umgrenzter Häuserblock
peristyl	ein zweites größeres Atrium, von Säulen umgeben, in dessen Mitte Platz für einen kleinen Garten ist
tablinum	Empfangszimmer
vestibulum	Flur, der von der Haustür ins Atrium führt
villa	Haus auf dem Land, oft weitläufiger und großzügiger angelegt als ein Haus in der Stadt

"Lexikon" ist ja stark übertrieben.

Am nächsten Tag finden sich Minucius und seine Frau am Bauplatz ein. Ein Musterhaus vom Typ des Basismodells steht schon, aber man sieht deutlich, dass es für die Familie zu klein ist, besonders, wenn es auch die Weberei mit aufnehmen soll!

Außerdem hätten sie gern einen Garten. Der Architekt zeigt ihnen daraufhin die Pläne für zwei größere Haustypen.

129

Hier ist der Grundriss des Hauses, das die Verfasserin dieses Buches bewohnt. Die Firma, die das Haus geplant und gebaut hat, pries es als Atriumhaus an. Worin gleicht es dem römischen Atriumhaus und wie unterscheidet es sich? In welchem Haus würdest du lieber wohnen?

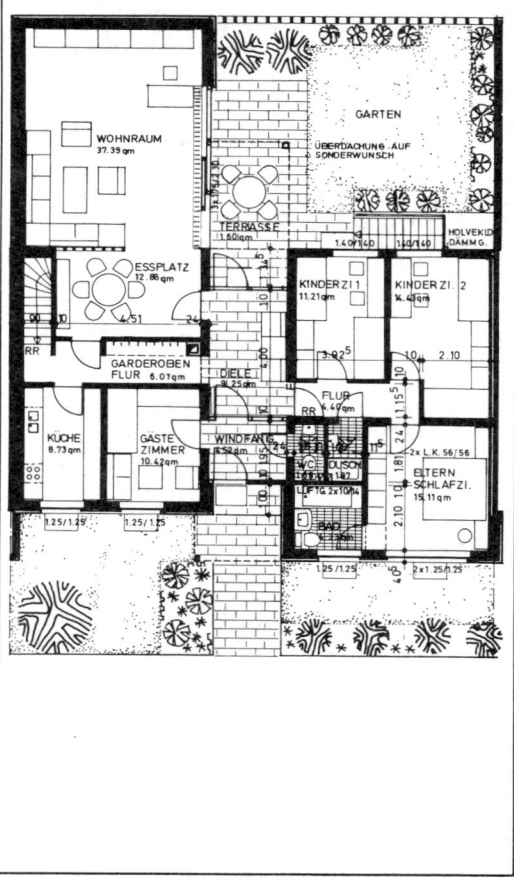

Hier male den Grundriss deiner Wohnung oder des Hauses, in dem du wohnst, auf!

Die Miete ist sehr teuer

Während Minucius und seine Frau noch überlegen, für welchen Haustyp sie sich entscheiden sollen, versucht Vitruvius einem anderen Interessenten eine Wohnung zu vermieten; denn die überwiegende Mehrzahl der Bevölkerung Roms lebt nicht im eigenen Haus, sondern in hohen Mietshäusern. Rechts findest du einige Aussagen der Dichter Martial und Juvenal über solche Häuser und die Abbildung der Ruinen solcher Häuser, die man in Pompeji gefunden hat.

Schaut euch die Quellen genau an und dann versucht, das Gespräch zwischen dem Architekten und dem zukünftigen Mieter nachzuspielen. Wie wird der Architekt sein Haus angepriesen haben, was wird der Mieter gefragt haben?

Ich wohne mietfrei.

Mühselig ist der Weg zu mir, denn ich wohne drei steile Treppen hoch. *(Martial)*

Novius ist mein Nachbar. Wir können uns von unseren Fenstern aus die Hand geben. *(Martial)*

In der Stadt gibt es für einen armen Mann keinen Ort, an dem er ruhig nachdenken kann: Am Morgen lassen dich die Lehrer nicht leben. Vor Tagesanbruch die Bäcker! Den ganzen Tag über das Hämmern der Kupferschmiede! Geldwechsler, bettelnde Schiffbrüchige, Verkäufer von Schwefelwaren, Goldschmiede, Leute, die die Mondfinsternis vertreiben, indem sie mit Töpfen und Pfannen schlagen! Von all dem kann sich jemand, der ruhig auf dem Lande lebt, nichts vorstellen. *(Martial)*

Mein Haus ist trocken und beklagt sich, dass es von keinem Nass getränkt wird, obwohl doch ganz in der Nähe die Marcische Wasserleitung tönt. *(Martial)*

Unsere Stadt stützt sich auf Pfeiler dünn und schwankend wie Schilf-

rohre. Unser Hausverwalter ist wahrlich erfindungsreich. Wenn das Haus einzustürzen droht, übertüncht er die Risse, die sich seit langem gebildet haben, weiß und sagt, jetzt könnten wir beruhigt schlafen. Unterdessen droht dir das Dach über dem Kopf zusammenzustürzen. Leben müsste man dort, wo es keine Gefahr in der Nacht und keine Feuersbrünste gibt. Denn wenn schon der Nachbar nach Wasser ruft und den wenigen Hausrat fortschleppt, wenn es schon im obersten Stockwerk qualmt und die Leute der unteren Geschosse fliehen, dann ahnst du noch nichts, denn nur das Dach noch schützt vor dem Regen. *(Juvenal)*

Gewährt denn je eine Stadtwohnung Schlummer? Nur der Reiche kann sich in Rom Ruhe erkaufen. Das ist der Hauptgrund des Übels: Der Wagenverkehr in den engen Winkeln der Straßen und lautes Gewieher sich stauender Herden rauben den Schlaf. *(Juvenal)*

Wie viel hohe Gebäude gibt es, von denen die Ziegel herabstürzen auf den Schädel! Wie häufig fallen zerbrochene, undichte Vasen aus den Fenstern, so schwer, dass sie Spuren und Löcher lassen im Pflaster zurück . . . Hoffe daher und trage im Herzen den bescheidenen Wunsch nur, dass man dich gnädig

bedenke allein mit des Nachttopfs Entleerung. *(Juvenal)*

Legst du auf den Zirkus keinen großen Wert, so wisse, man kauft in Frusino, in Sora, in Fabrateria schon ein stattliches Haus für das gleiche Geld, das du jährlich in Rom für ein finsteres Loch als Miete zahlst. *(Juvenal)*

Stein um Stein, Stein um Stein
der Boden wird

Im Rohbau ist das neue Haus jetzt fertig und Minucius berät mit dem Architekten über die Innenausstattung. Vitruvius Pollio jr. schlägt für den Fußboden ein unverwüstliches und dabei sehr dekoratives Mosaik vor und bringt zur nächsten Besprechung einen Mosaikleger mit. Dieser hat ein richtiges Musterbuch, nach dem man sich einen Fußboden ganz nach eigenem Geschmack aussuchen und zusammenstellen kann. Bald ist die ganze Familie auf der Suche nach dem schönsten Boden.

Solch ein Mosaik zu legen ist eine große Kunst und auf den nächsten beiden Seiten sollst du ein wenig in diese Kunst eingeweiht werden. Du findest hier verschiedene Mosaikmuster, denen die Farbe fehlt. Wenn du sie richtig ausmalst, kannst du erkennen, wie das Mosaik jeweils ausgesehen hat und wie viele Steinchen nötig waren, um solch einen Boden zu legen.

Das ist ja fast wie Domino.

Dieses Muster bildet den Rahmen für einige Bilder
des berühmten Dionysosmosaiks in Köln.
1 = schwarz

1	1	1	1	1	1	1	1	1	1	1	1	1	1	1	1	1	1	1	1	1	1	1
	1	1			1	1			1	1			1	1			1	1			1	1
	1	1			1	1			1	1			1	1			1	1			1	1
1	1	1	1	1	1	1	1	1	1	1	1	1	1	1	1	1	1	1	1	1	1	1
1	1	1	1	1	1	1	1	1	1	1	1	1	1	1	1	1	1	1	1	1	1	1

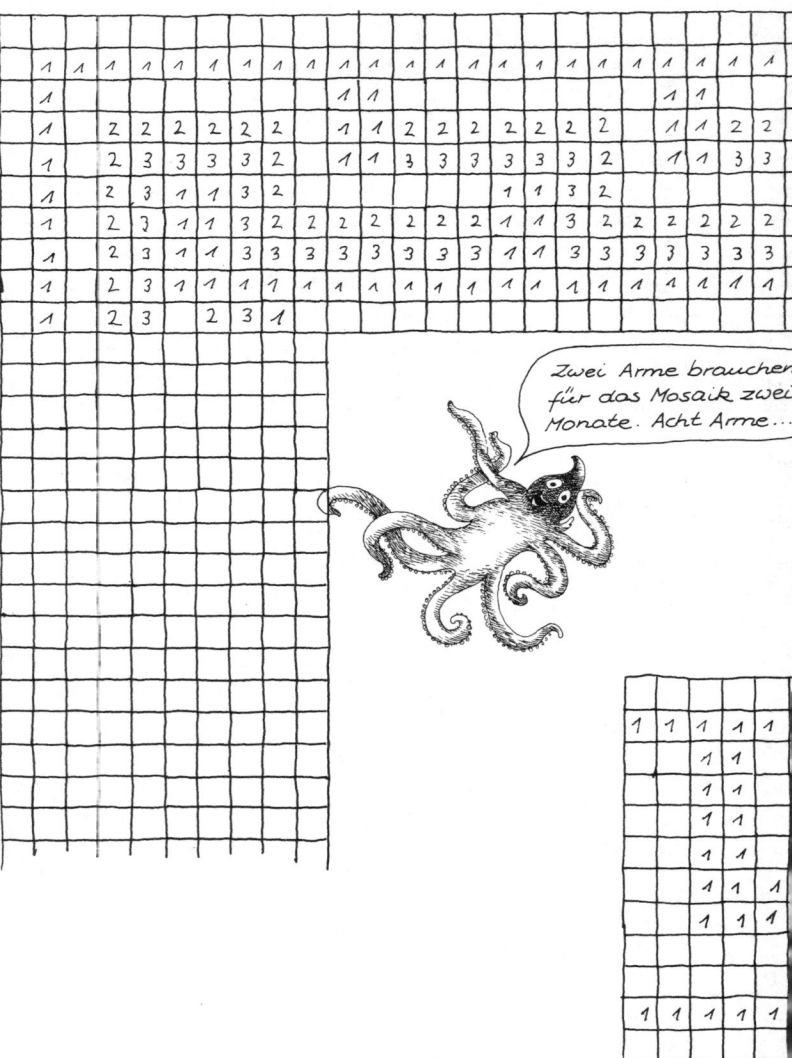

Dieses Muster begrenzt einige Quadrate im Dionysosmosaik. Du solltest versuchen, es »um die Ecke« fortzusetzen. Es fällt dir bestimmt auf, wie man hier mit Kontrastfarben arbeitet, um die Form herauszustellen. Schließlich sah man das Muster in der Regel ja nur aus 1,50 m Entfernung.

1 = schwarz, 2 = gelb, 3 = rot

Dieses oft verwendete Muster umrahmt z.B. ein Mosaik in der römischen Villa Otrang bei Bitburg (1./2. Jh. n. Chr.). Versuche das Muster nach dem Ausmalen der linken Hälfte in der rechten Hälfte fortzusetzen.

1 = schwarz

Bis jetzt hast du Muster ausgemalt, die aus kleinen Quadraten bestehen. In Wirklichkeit waren die tesserae (Scherben) gefärbte Steinchen, die nur selten genau quadratische Form hatten.

Manche Steine mussten erst in die passende Form geschlagen werden. Unten ist ein Rahmenmuster einmal in seiner wirklichen Beschaffenheit abgebildet. Man sieht deutlich die vielen ungleich geformten Steine. An einigen Stellen sieht man auch den Zement, der die verbliebenen offenen Stellen ausfüllen musste. Hier zeigt sich die Kunst des Mosaiklegers.

An diesem Mosaik aus dem Haus de la Villasse in Vaison-la-Romaine sollst du noch einmal die verschieden geformten Steinchen beobachten können.

Das Muster erscheint, wenn du die mit einem Punkt gezeichneten Felder dunkel ausmalst.

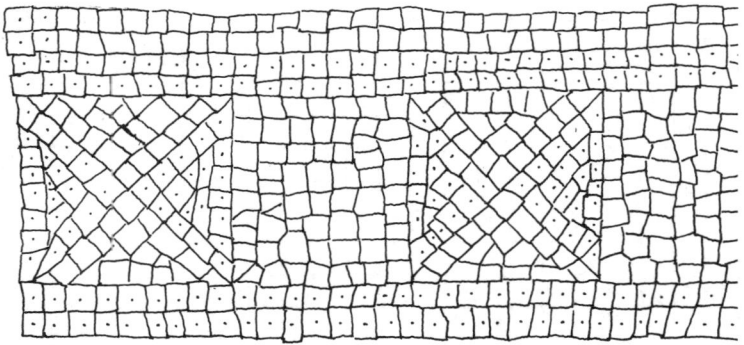

Dieses Zopfmuster findet sich ebenfalls im Dionysosmosaik. Die hellen »Zöpfe« bestehen aus je drei Reihen von Steinchen, die verschieden gefärbt sind. An Farben kommen Hellbraun, Gelb und Orange vor. Probiere einmal aus, in welcher Reihenfolge diese Farben die eindrucksvollste plastische Wirkung haben.

Jetzt hast du so viel Übung, dass du dich an eine anspruchsvolle Aufgabe machen kannst. Auf der nächsten Seite ist der Mittelpunkt des Dionysosmosaiks. Versuche dieses Mosaikbild farbig auszumalen.

1 = schwarz, 2 = türkis, 3 = dunkelrot, 4 = hellrot, 5 = ocker, 6 = dunkelgrün, 7 = hellgrün, 8 = rosa

141

142

Umzug

Endlich ist das Haus fertig. Gleich kommt der Möbelwagen und dann muss alles eingeladen werden. Bei einem Umzug gibt es immer ein mächtiges Durcheinander, und es ist zu befürchten, dass Octopus eine so günstige Gelegenheit nicht vorbeistreichen lassen wird, ohne ein paar Sachen auf dem Wagen unterzubringen, die er aus viel späterer Zeit gestohlen hat.

Was meinst du? Hältst du alle abgebildeten Gegenstände für echt römisch?

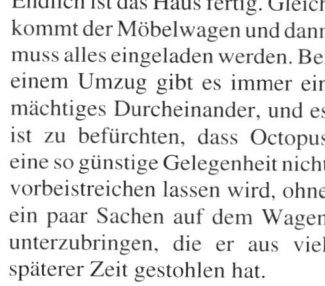

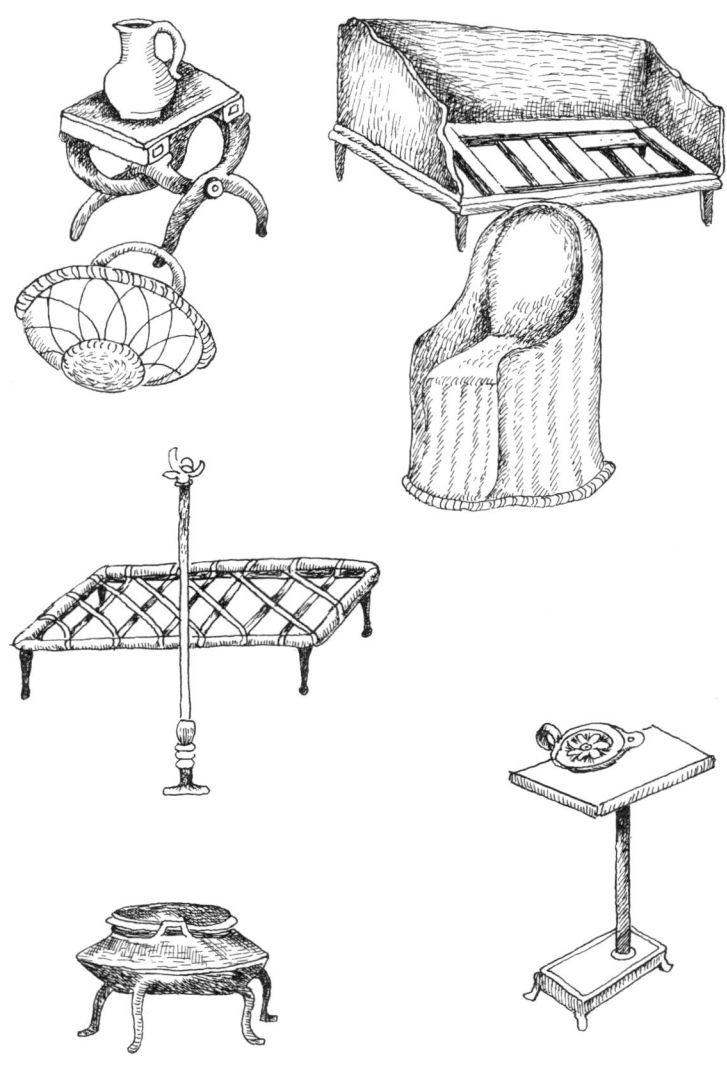

Lukullus läßt grüßen

Was wird an dem Stand verkauft, an dem unsere Freunde gerade stehen?

Es ist so weit. Alles ist wieder eingeräumt. Heute Abend sind die Freunde der Familie Minucius zur Einweihungsfeier eingeladen. Die Feier erfordert natürlich eine Menge Vorbereitungen. Zunächst müssen alle Zutaten für das Essen eingekauft werden. Pfiffikus und Mini begleiten Theodorus auf den Markt. Hier stehen Händler aus allen Teilen des Reiches. Was man hier so alles kaufen kann!

Was versteht man unter lukullischen Genüssen?

HIER WIRD IM RÖMERTOPF GEKOCHT

In der Küche herrscht schon Hochbetrieb, als Theodorus und die Kinder vom Markt zurückkommen. Wie es in dieser Küche ausgesehen hat, wissen wir nicht, aber zwei reiche Kaufleute, die Gebrüder Secundinius, die in der Nähe von Trier wohnten, haben auf dem Grabstein für ihre Familie, der so genannten Igeler Säule, Szenen aus dem Alltagsleben in ihrem Haus in Stein gehauen darstellen lassen. Auf der nächsten Seite ist ein Ausschnitt, der das Leben in der Küche zeigt:

Lucullus Lucius Licinius, römischer Feldherr ca. 117 bis 57 v. Chr., kämpfte im Osten des Reiches gegen Mithridates. Erwarb dabei so große Reichtümer, dass er nach seiner Rückkehr nach Rom dort ein glanzvolles und üppiges Leben führen konnte. Mit seinem Namen ist die Einführung des Kirschbaums nach Europa verknüpft.

Nun vergleiche eine Küche von heute! Was stellst du an Gemeinsamkeiten und Unterschieden fest?

Man konnte wirklich eine Menge kaufen. Trotzdem sind in der folgenden Liste sieben Gemüse- bzw. Obstsorten versteckt, die man damals noch nicht bekommen konnte. Wenn du diese in der Reihenfolge ihres Vorkommens in das Schema rechts einträgst, ergeben die umrandeten Felder von oben nach unten gelesen den Namen einer Frucht, die der berühmte Feinschmecker Lucullus aus Asien nach Italien eingeführt haben soll. (Jeder Punkt bedeutet einen Buchstaben!)

Sellerie – Lauch – Kartoffeln – Kastanien – Pfirsiche – Kiwi – Melonen – Quitten – Äpfel – Grapefruit – Feigen – Ananas – Birnen – Aprikosen – Avocados – Spargel – Möhren – Zwiebeln – Blumenkohl – Walnüsse – Melonen – Pflaumen – Datteln – Weintrauben – Erdnüsse – Mandeln – Bohnen

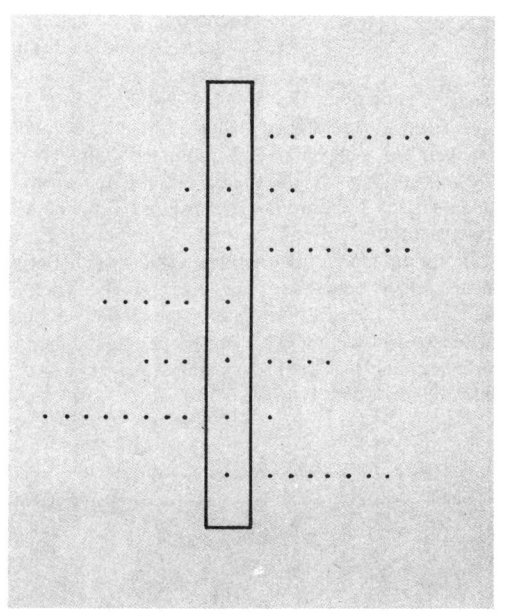

KULINARISCHES

Es ist Abend. Die Freunde der Familie Minucius sind eingetroffen, und nachdem man das neue Haus eingehend besichtigt hat, begibt man sich zum Essen ins Triclinium (das ist das Speisezimmer).
Das Mahl ist in vollem Gange. Die Damen sitzen in bequemen Korb........, die Herren ...... auf Speisesofas. Die Speisen werden auf einem kleinen ....-beinigen Tisch aufgetragen. Sklaven sind damit beschäftigt, ... Andere, meist noch junge Sklaven schenken .... ein.
Als Vorspeise gibt es grünen Salat, Eier, Fisch und Schweineeuter, als Hauptgang Ziege, Huhn, Schinken und Würstchen und Früchte als Nachspeise. Einer der Gäste erzählt, dass er, um bei der Einweihung des neuen Hauses dabei sein zu können, auf das Gelage bei dem Freigelassenen Trimalchio verzichtet hat, der ungeheuer reich, aber auch ein ungeheurer Angeber ist.

INVITATIO

Herr Trimalchio gibt sich die Ehre, Sie heute Abend zu einem bescheidenen Abendessen einzuladen. Es ist die folgende Menüfolge vorgesehen:

Vorspeisen
  grüne und schwarze Oliven
  gebratene Schlafmäuse mit Honig und Mohn übergossen
  Bratwürste
  Damaszenerpflaumen mit Granatapfelkernen

Erster Gang
  Pfaueneier mit Pastetenteig, gefüllt
  mit fetter Feigenschnepfe in Eidotter

Zweiter Gang
  Poularden   Das ganze mit würziger Fischsoße
  Saueuter   und einer kunstvollen Garnierung
  Hase

Dritter Gang
  Wildschwein gefüllt mit lebenden Vögeln
  frische und getrocknete Datteln
  Trauben

Vierter Gang
  Ein ganzes Schwein, gefüllt mit Brat- und Blutwürsten

Fünfter Gang
  Masthühner
  Gänseeier mit Mützen aus Steinpilzen

Dessert
  Wacholderdrosseln paniert, gefüllt mit Rosinen
  und Nüssen
  Quitten als Igel garniert
  Mastgans aus Schweinefleisch nachgebildet
  Austern und Muscheln
  Weinbergschnecken

Als Getränke werden verschiedene Weine gereicht. Jeder Gast erhält ein kleines Geschenk. Für die Belustigung der Gäste sorgt ein reichhaltiges Rahmenprogramm.

Das Hotel Excelsior möchte seinen Gästen einen römischen Abend bieten. Auf welche Gerichte muss der Koch verzichten, weil er die Zutaten nicht bekommt?

Was hättest du gern probiert? Worauf würdest du lieber verzichten? Wärest du lieber zu Minucius oder lieber zu Trimalchio gegangen?

»Hätten wir freilich an einem derartigen Gelage teilnehmen müssen, so wäre wahrscheinlich ein verdorbener Magen die Folge gewesen.« (U. E. Paoli)

Wie stehst du zu dieser Aussage?

RECIPE ...... = MAN NEHME

Wie die Römer kochten, wissen wir aus dem Kochbuch des Apicius. Hier ist ein Rezept, das man auch heute noch nachkochen kann:

Frikassee aus Schweinefleisch mit Aprikosen
Koche ein Stück Schweineschulter und würfle das Fleisch, wenn es gar ist. Hebe die Brühe auf. Jetzt gib Öl (Olivenöl), liquamen (eigentlich Fischsoße, aber Salz tut es auch) und Wein in einen Topf. Füge dann grob gehackte Zwiebeln und das gewürfelte Fleisch hinzu. Lass alles aufkochen. Jetzt zerstoße Pfeffer (gemahlener Pfeffer tut es auch), Kümmel, getrocknete Minze (z.B. aus einem Aufgussbeutel für Pfefferminztee) und Dill und füge Honig, Süßwein (z.B. Portwein), liquamen (s. o.), Essig und etwas von der Brühe hinzu. Füge dann entsteinte Aprikosen (evtl. eingeweichte Trockenfrüchte) hinzu und bringe alles zum Kochen, bis es gar ist. Mit Teigkrümeln (= Paniermehl) andicken. Mit Pfeffer bestreuen und servieren.
Als Vorspeise sind Eier und ein Salat von Roter Beete (mit einer Marinade aus Essig, Olivenöl und Senf) zu empfehlen, als Nachspeise könnte man Früchte reichen.

Apicius Marcus Gavius. (Ca. 25 v. Chr. bis ca. 37 n. Chr.) Feinschmecker und Erfinder extravaganter Gerichte.
Als er sein Vermögen in luxuriösen Gastmählern verpraßt hatte und eines Tages fand, daß er nur noch 10 Millionen Sesterzen hatte, erschien ihm das zum Leben zu wenig, und er nahm Gift. Er verfaßte mindestens zwei Kochbücher, ein allgemeines und eines für Soßen, die viel gelesen und benutzt wurden.

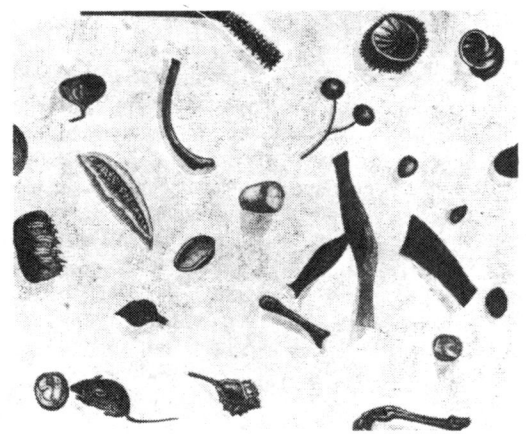

Wo ist die Maus?
Was isst die Maus?

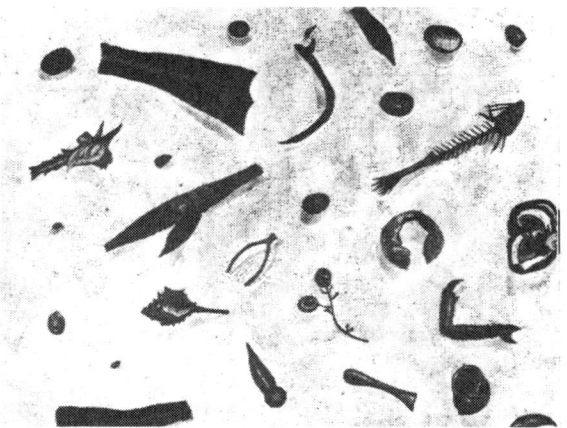

Was kann man aus diesem Mosaik über den Speiseplan
und die Tischsitten der Römer erkennen?

Besuch aus Britannien

– Wer will zu den Soldaten? –

Heute ist überraschender Besuch im Hause Minucius eingetroffen. Onkel Gregor ist da. Er hat lange Zeit in Britannien beim Heer gedient und schnell Karriere gemacht.

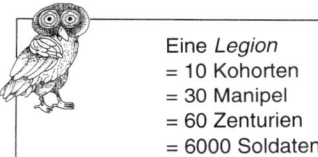

Eine *Legion*
= 10 Kohorten
= 30 Manipel
= 60 Zenturien
= 6000 Soldaten

Zuerst ist er vom einfachen Soldaten zum Hornbläser befördert worden, dann durfte er das Feldzeichen eines Manipels und schließlich sogar den Legionsadler tragen. Bei einem Feldzug in den Norden Britanniens zeichnete er sich so aus, dass er zum persönlichen Stab des Legionskommandanten versetzt wurde und schließlich zu einem der 60 Zenturionen (Hauptleuten) der Legion ernannt wurde. Damit ist seine Karriere aber noch nicht beendet, denn vor zwei Monaten bekam er die Nachricht, dass er zur Praetorianergarde nach Rom, also zur persönlichen Schutzwache des Kaisers, wechseln sollte. In ein oder zwei Jahren hofft er als höherer Offizier nach Britannien zurückzukehren. Zunächst aber freut er sich darüber, dass er seinen Bruder Felix und dessen Familie jetzt häufiger sehen kann. Das wäre in Pompeji kaum möglich gewesen und so findet Onkel Gregor, dass der Vesuvausbruch auch seine gute Seite hatte.

Natürlich sind die Kinder äußerst gespannt auf die Erzählungen des Onkels aus einer so entfernten Ecke des Römischen Reiches. Und sie hören, dass Britannien eine sehr schöne und fruchtbare Insel ist, die aber wegen ihres Nebels berüchtigt ist. Und Onkel Gregor erzählt davon, wie vor über 130 Jahren unter Caesar zum ersten Mal ein römisches Heer nach Britannien kam

Diesen Wall, mein Sohn, haben wir uns von den Römern zu unserem Schutz bauen lassen.

und wie es dann noch über 100 Jahre dauerte, bis Britannien unter Kaiser Claudius eine römische Provinz wurde. Natürlich waren die Römer viel zivilisierter als die unterworfenen Briten. Aber die Völker im Norden wollten von der römischen Zivilisation immer noch nichts wissen

50 Jahre später griff der römische Kaiser Hadrian die Idee von Onkel Gregor auf und ließ einen mächtigen 115 km langen Wall von der Nordsee zur Irischen See bauen. Teile des Hadrianswalls ziehen sich auch heute noch meilenweit an der Grenze zwischen England und Schottland hin.

und fielen immer wieder in die Provinz ein. Selbst der Graben, den die Legionen im Laufe der Zeit quer über die ganze Insel gezogen hatten, verlieh keinen wirksamen Schutz. Man müsste, so meinte Onkel Gregor, eine richtige Befestigungsanlage weiter im Norden bauen, um den Scoten endgültig die Lust auf ihre »Einkaufszüge« in die Provinz zu nehmen.

Er hatte sich einmal mit einem gefangenen Scoten, der in der Gefangenschaft ein wenig Latein gelernt hatte, unterhalten. Seltsam sah der aus in seinem karierten Rock, und er hatte doch die Frechheit besessen, ihn, den römischen Hauptmann, Macgreg zu nennen.

Froh war Onkel Gregor schon, dass er jetzt als Hauptmann auf dem Marsch reiten durfte und nicht mehr wie früher als einfacher Legionär neben seinen Waffen Getreidevorrat, Kochtopf, Handmühle, Spaten, Korb, Säge und Lagerpfähle mit sich schleppen musste. Aber er hoffte ja ohnehin, dass bald in ganz Britannien Frieden sein würde und er nach seiner Dienstzeit in zehn Jahren mit seiner Abfindung ein schönes Landgut und eine Villa mit allem Komfort in Britannien kaufen könnte. Dann würde er endlich auch seiner Frau und seinem jetzt vierjährigen Sohn ein angemessenes Zuhause bieten können. Jetzt ging das noch nicht, weil er als aktiver Soldat nicht offiziell heiraten durfte. Aber die beiden vermisste er hier in Rom doch sehr.

Beim nächsten Mal, versprach Onkel Gregor, werde er mehr über die Feldzüge im Norden Britanniens berichten. Dazu kam es aber leider nicht mehr, weil er viel früher als erwartet befördert und mit einem wichtigen Auftrag zu seiner Legion nach Britannien zurückgeschickt wurde.

Damit ihr aber nicht ganz auf die

Die Trajanssäule in Rom

Eindrücke vom Leben auf einem Feldzug verzichten müsst, findet ihr hier einige Bilder aus dem Soldatenleben, meist von der Trajanssäule. An dieser 40 Meter hohen Säule zieht sich als Spirale ein 200 m langes Reliefband nach oben, auf dem in 155 Szenen die Ereignisse der beiden Dakerkriege dargestellt sind. In diesen Kriegen unterwarf Trajan in den Jahren 101 bis 106 das von Rom aus gesehen jenseits der Donau liegende Dakien, das heutige Rumänien, und machte es zur römischen Provinz.

Römisches Kriegsschiff

Ansprache Trajans an seine Soldaten

Römisches Lager mit Posten

Anweisungen vor der Schlacht

Soldaten mit Schilden

Was bin ich?
Heiteres Beruferaten mit Octopus

Im Alter von 16 bis 17 Jahren wird Pfiffikus seine Ausbildung beim Grammatiklehrer beenden. So wie wir ihn kennen, hat er keine Lust, danach auch noch eine Rhetorenschule (Rednerschule) zu besuchen, um Rechtsanwalt oder höherer Beamter zu werden. Er könnte natürlich versuchen, wie sein Onkel Gregor Karriere im Heer zu machen. Aber lieber will er wohl einen praktischen Beruf ergreifen. Nun konnte er zwar noch nicht Elektroingenieur oder Kfz-Mechaniker werden, aber dennoch standen ihm, selbst wenn er nicht gerade »Augeneinsetzer bei Statuen« werden wollte, viele Berufsmöglichkeiten offen.

Viele Handwerker, Händler und andere Berufstätige der Römerzeit haben auf ihren Grabsteinen oder steinernen Särgen ihre Berufe darstellen lassen und das Berufsleben ist auch für Wandmalereien ein beliebtes Thema. Hier sind eine Reihe solcher Abbildungen.

1. . . . .

2. . . . .

Kannst du herausfinden, welche Berufe hier dargestellt sind?

Falls du die Berufe nicht sofort erkennst, hier ist eine Liste der abgebildeten Berufe:
Bäcker – Baumeister – Bildhauer – Fleischer – Gemüsehändler – Müller – Schlosser – Schmied – Schuster – Tuchhändler – Walker (Wäscher) – Weinhändler – Wild- und Geflügelhändler(in).
Kannst du die Berufe jetzt den Bildern zuordnen?

3. . . . .

162

4. . . . .

5. . . . . . .

6. . . . .

7. . . . .

8. . . . .

9. . . . .

10. . . . .

`11. . . . .

12. ....

13. ....

Servus Pfifficus, Servus Mini!

Hier verlassen wir die Familie Minucius. Ihr weiteres Leben könnt ihr euch jetzt sicher selbst ausmalen. Ich könnte mir vorstellen, dass Pfiffikus, oder besser sagen wir jetzt doch Aulus Minucius, nach der Grammatikerschule und einer Bildungsreise zu seinem Onkel nach Alexandria trotz der vielen möglichen Berufe das Geschäft seines Vaters übernommen hat. Mini wird geheiratet haben und eine würdige Matrone geworden sein. Theodorus ist vielleicht freigelassen worden und hat dann den Namen Theodorus Minucianus getragen.

Er und all die anderen sind für mich nicht gestorben, denn, wie ihr im nächsten Kapitel erfahren werdet, die Römer sind immer noch unter uns. Von Octopus und Eudoxa wollen wir uns ohnehin noch nicht verabschieden, da sie noch gebraucht werden.

Und wo sind die Römer heute?

Zum Beispiel im Keller

Im Jahre 1964 beschloss die Familie Heinz Genz, ihr Herren- und Damenmodengeschäft in Köln, Chlodwigplatz, zu erweitern. Die jungen Söhne des Geschäftsinhabers begannen zu diesem Zweck im Keller des Hinterhauses Gräben für die Fundamente des Erweiterungsbaus auszuheben. Dabei stießen sie auf Steinquader, die zum Teil Ornamente aufwiesen und offensichtlich römisch waren.

Der Leiter des Römisch-Germanischen Museums in Köln zeigte großes Interesse an dem Fund, musste aber die Fortsetzung der Ausgrabungsarbeiten verbieten, da die Baugrube nicht hinreichend abgesichert werden konnte und Gefahr für die Standfestigkeit des Hauses bestand.

Dennoch setzten die beiden jungen Amateurarchäologen heimlich ihre Arbeit fort. Damit niemand mehr auf die Idee kommen konnte, ihnen erneut die Grabung zu verbieten, rückten sie einen Schrank mit einem beweglichen Boden über ihren Einstiegsschacht. Jeden Abend stiegen sie durch diesen geheimen Zugang in die Grube ein, bauten Schächte und Stollen und holten einen Block nach dem anderen, manche bis zu einer Tonne schwer, aus dem Boden.

Dann endlich stellten sie ihre sensationellen Funde der Öffentlichkeit vor. 1970 wurden sie von der Stadt Köln für 500 000 DM erworben und dem Römisch-Germanischen Museum übergeben. Hier stellte man fest, dass sich schon seit den 80er Jahren des 19. Jahrhunderts im Magazin des Museums Blöcke befanden, die offensichtlich zum gleichen Grabmal gehörten.

So gelang es, das Grabmal des Veteranen Lucius Poblicius zu rekonstruieren, das heute zusammen mit dem Dinoysosmosaik den Mittelpunkt des Museums bildet.

169

oder in einer Zementtüte

Bevor es aber so weit war, hatte das
auf abenteuerliche Weise ausgegra-
bene Denkmal einen weiteren
Schicksalsschlag zu überstehen. Bei
einem Einbruch in den Magazin-
raum des Museums, wo das Monu-
ment vermessen und rekonstruiert
wurde, schlugen Diebe der Statue
des Veteranen den Kopf ab und ent-
wendeten ihn. Für die Wiederbe-
schaffung wurde eine hohe Beloh-
nung ausgesetzt und tatsächlich fand

sich der steinerne Kopf kurz darauf, in eine Zementtüte verpackt, bei einem »Sammler«, der ihn für 350 DM erworben hatte, anscheinend ohne zu wissen, um was es sich handelte. Von nun an wurde der kostbare Kopf bis zur Fertigstellung des Museums in einem Tresor aufgehoben.

Übrigens mussten die Baupläne des Museums geändert werden, damit es das nahezu 15 m hohe Grabmal aufnehmen konnte. Von einer Galerie im Obergeschoss des Museums aus versuchen heute immer wieder Besucher, Münzen auf das Grabmal zu werfen. Vielleicht könnt ihr euch selbst denken, was sie dabei empfinden.

(Nach Gundolf Precht, Das Grabmal des L. Poblicius, Köln, 2. Aufl., 1979)

oder im Wasser

Diese Brücke in Trier, über die heute noch der Verkehr fließt, ruht auf Pfeilern, die die Römer gebaut haben. Wenn die Mosel Niedrigwasser hat, tauchen auch heute noch im Uferschlamm gelegentlich römische Münzen auf.

Im Mittelmeer finden Taucher immer noch versunkene römische Schiffe gefüllt mit Amphoren, und in Antibes in Südfrankreich gibt es ein Museum, in dem man sehen kann, was die Unterwasserarchäologie alles ans Licht gebracht hat.

oder im Blumenbeet

Auf einer Fahrt durch die Eifel auf den Spuren der Römer waren wir auch nach Welschbillig gekommen. Es war ein heißer Sommertag, und die alte Kirche versprach angenehme Kühle. Natürlich gehört es sich nicht, mit einem Eishörnchen in der Hand ein geheiligtes Bauwerk zu betreten, aber alles war so still und friedlich, dass wir annahmen, es würde niemand da sein, der sich durch den Anblick verletzt fühlen könnte. Dennoch ließ uns unser schlechtes Gewissen sofort den Rückzug antreten, als wir in der

Hermen sind Statuen des Gottes Hermes. Das Bassin in Welschbillig können wir uns ähnlich, wenn auch nicht so prachtvoll wie dieses Becken in Tivoli in der Nähe von Rom vorstellen.

Kirche den Pfarrer des Ortes bemerkten, der auf uns zukam und uns bis vor die Kirchentür folgte.

Er hatte aber gar nicht die Absicht uns zur Rede zu stellen, sondern wollte nur wissen, woher wir kämen und wohin unsere Reise ginge. Wir erzählten ihm, dass wir nach Welschbillig gekommen seien, weil wir in unserem Reiseführer gelesen hätten, dass an der Stelle der heutigen Kirche ein von über 70 Hermen gesäumtes Wasserbecken einer römischen Villa gelegen hatte. Nun suchten wir nach Spuren dieses Beckens, z. B. als Spolien (s. o.) in der Kirchenmauer. Leider, so erfuhren wir, gebe es keine Reste. Die ausgegrabenen Hermen seien ins Landesmuseum nach Trier gebracht worden. Aber eine Herme sei noch hier am Ort. Und dann erzählte uns der Pfarrer, wie man diese gefunden hatte. Ein Obstbaum im Garten eines Einwohners von Welschbillig entwickelte sich so kümmerlich, dass man sich schweren Herzens entschloss ihn zu fällen. Aber nicht genug damit, dass man den Verlust eines Baumes verschmerzen musste, beim Versuch, die Wurzeln im Boden abzuhacken, brach auch noch die Axt ab. Jetzt grub man nach und zum Vorschein kam eine der Hermen. Da das Museum in Trier auf einen Ankauf verzichtete, durfte die Finder die Figur behalten. Sie

stehe jetzt, so hörten wir, im Garten eines Hauses, das ein wenig oberhalb der Kirche liege.

Wenig später standen wir, verfolgt von der Jugend des Ortes, die bereitwillig den Weg wies, in dem bewussten Garten. Voll Stolz zeigte uns die Familie, die dafür den Nachmittagskaffee unterbrach, ihr Schmuckstück.

Da stand der Gott nun, mit verstümmelter Nase, mitten im Blumenbeet, den Sockel tief in der Erde, und schien darüber nachzusinnen, wie er in eine so farbenprächtige Umgebung gekommen war.

Heute steht der Gott, wie ich von einem späteren Besuch her weiß, vor der Witterung geschützt, im Hausinneren.

oder in der Stadt

oder auf der Wiese

An dem Wege, der von Weyer nach Pesch und Harzheim (in der Eifel) führt, entspringen mehrere starke Quellen dem dortigen Kalksteingebirge. Das Wasser ist äußerst klar und lieblich von Geschmack und sprudelt in großer Menge hervor. 1938 grub man hier an einer auch in trockenen Jahren immer feuchten Stelle nach Wasser und traf dabei in 2 m Tiefe auf eine munter fließende römische Wasserleitung. Diese war unterhalb der Fundstelle verstopft,

Dieses Medusenhaupt an einer Quellfassung für die römische Wasserleitung nach Köln sollte Unheil von dem Wasser abwenden.

das gehemmte Wasser hatte sich durch eine Fuge einen Ausweg verschafft, sodass die Wiese hier immer feucht blieb. Daraufhin baute man um die aufgebrochene römische Leitung einen Betonschacht und so fließt das Wasser heute aus der antiken Rinne über eine kleine Schwelle in die Neuzeit.

(Nach Walter Haberey, Die römischen Wasserleitungen nach Köln, Düsseldorf 1971, S. 52)

Der römische Wasserfachmann Frontinus empfiehlt folgendes Vorgehen, um festzustellen, ob das Wasser einer Quelle bekömmlich ist. Man soll sich die Leute ansehen, die immer aus der Quelle trinken. Sie sie gesund und kräftig, nicht fußkrank, haben sie gute Gesichtsfarbe und keine Triefaugen, dann ist das Wasser bekömmlich.

oder in Verkleidung

Viele Bauten der Römer dienten späteren Zeiten als Vorbild und andere wurden sogar so, wie sie waren, in späteren Bauwerken verwendet. Oft wurden die römischen Bauten erst in neuerer Zeit von ihrer »Verkleidung« befreit.
Auf den nächsten Seiten findest du sechsmal drei Bilder. In jeder Reihe ist ein Bild, das nicht zu den beiden anderen passt, weil es ein anderes Bauwerk als dieses zeigt. Versuche jeweils herauszufinden, welches Bild aus der Reihe fällt.

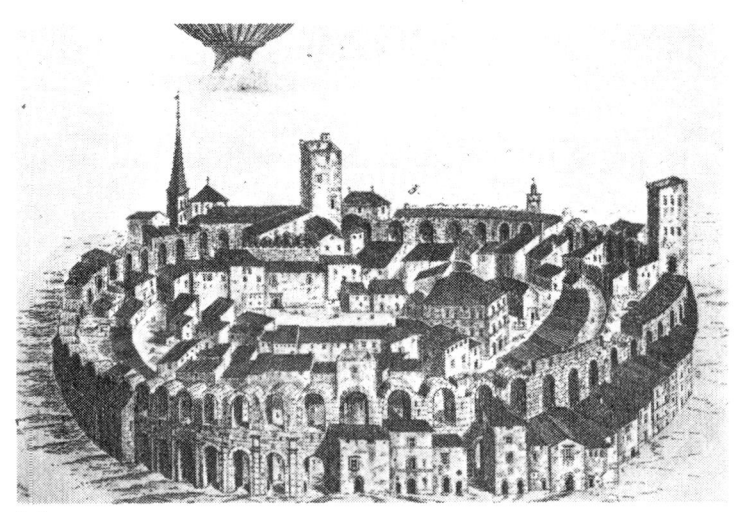

1 A

1 B

1 C

2 A

2 B

2 C

179

3 A

3 B

3 C

4 A

4 B

4 C

5 A

5 B

183

5 C

6 A

184

6 B

6 C

oder in der Werbung

Wie der Audi zu seinem Namen kam

Der Automobilkonstrukteur Horch hatte zusammen mit einem Geldgeber eine Autofabrik eröffnet, die „Horch"-Automobile herstellte. Nach einiger Zeit kam es zwischen den Partnern zum Streit, und Herr Horch schied aus der Firma aus. Er gründete ein eigenes Unternehmen, durfte aber die von ihm hergestellten Automobile nicht mehr „Horch" nennen. Daraufhin übersetzte er seinen Namen ins Lateinische und nannte die von ihm hergestellten Automobile AUDI.

Braten und Schmoren
im
RÖMERTOPF

Kleines Lexikon von Latein in der Werbung

Audi(o)	hören
Aurora	Morgenröte
Flora	Pflanzen
Globus	Kugel
Lux	Licht
Nivea	schneeweiß
Plus	mehr
Servus	Diener
super	darüber
Vide(o)	sehen
ultra	jenseits
Vita	Leben

Lukullus
Zigeunersalat
580-ml-Glas

1.⁸

186

oder an einer Kirche

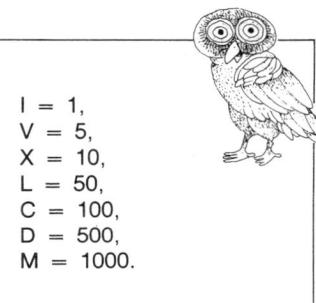

An der Josephskapelle im west-
fälischen Warendorf findet sich
die folgende Inschrift:

Aere IosephInI
resta Vra Vere CLIentes,
QVoD fVerat p(ro)f Vgos p(er)
Laps VM pene p(er) a(nn)os

Verehrer des heiligen Joseph
ließen dieses Bauwerk
wiederherstellen,
das im Laufe der Zeit
fast ganz verfallen war.

Wenn du die römischen Zahlzeichen in der Inschrift addierst,
erfährst du, in welchem Jahr die
Kirche wiederhergestellt wurde.

I = 1,
V = 5,
X = 10,
L = 50,
C = 100,
D = 500,
M = 1000.

Die lateinischen Zahlzeichen be-
nutzen wir nicht mehr, aber die
Buchstaben, mit denen wir
schreiben, stammen von den
Römern.

oder in der Schule

Montag	Dienstag	Mittwoch	Donnerstag	Freitag	Samstag
Deutsch	LATEIN	Bio	LATEIN	Zeichnen	
LATEIN	Religion	Mathe	Geschichte	Deutsch	
Mathe	Turnen	LATEIN	Erdkunde	Mathe	
Bio	Turnen	Physik	Chemie	LATEIN	
Geschichte	Deutsch	Deutsch		Religion	
	Erdkunde		Musik		

oder im Museum

Rheinisches Landesmuseum Trier	Württembergisches Landesmuseum Stuttgart

Römisch-Germanisches Museum Köln

Römermuseum Augst	Archäologischer Park Xanten

Römisch-Germanisches Zentralmuseum Mainz

Musée Archéologique Straßburg	Rheinisches Landesmuseum Bonn

Die Römer sind überall
(sogar im *Teekessel!)*

Du siehst, *die Römer sind* mitten *unter uns,* und es lohnt sich, die Augen aufzuhalten. Irgendwo entdeckt man ihre Spuren immer.

„Und wenn sie nicht gestorben sind, dann leben sie noch heute..." Wenn ich so salbungsvolle Reden schon höre, verknoten sich meine Arme. Ich spiel' lieber Teekesselchen mit den Römern:

Mein Teekesselchen ist aus Glas.

Mein Teekesselchen ist aus Stein und steht in Frankfurt.

Mein Teekesselchen lebt. Es ist aber nicht der Papst.

Auflösungen

Die Römer sind überall (sogar im *Teekessel!*)

Du siehst, *die Römer sind* mitten *unter uns* und es lohnt sich, die Augen aufzuhalten. Irgendwo entdeckt man ihre Spuren immer.
»Und wenn sie nicht gestorben sind, dann leben sie noch heute . . .« Wenn ich so salbungsvolle Reden schon höre, verknoten sich meine Arme. Ich spiel lieber Teekesselchen mit den Römern:

S. 9/10
Eine Reise nach Rom:
Die Geschichte spielt im Jahr 79 n. Chr.
160 Meilen sind 240 Kilometer.

S. 16
Bovillae – Aricia – Tarracina Formiae – Capua – Neapolis – Herculaneum – VIA APPIA

S. 20
Die heutige Nationalstraße 7 verläuft wie die alte Via Appia.

S. 21/22
Hotelführer gab es wohl noch nicht, aber Reisebeschreibungen durchaus. Roma 5 Meilen auf dem Meilenstein ist eine Kombination aus alten (Roma) und neuen (5 Meilen) Schreibweisen.

S. 26/27
Verkehrsmeldungen, Verkehrszeichen und U-Bahn sind Scherze von Octopus. Rom war aber tatsächlich tagsüber »Fußgängerzone«!

S. 31
Den Film »Ben Hur« hat Octopus erst im 20. Jahrhundert gesehen, der Turm unter dem Titusbogen ist ebenfalls jünger.

S. 31
Touristisches Bilderrätsel: Kolosseum – Titusbogen – Vestatempel
ROM IST NICHT AN EINEM TAG ERBAUT.

S. 38
Kreuzworträtsel:
waagerecht: 2 Siliva, 5 Mars, 7 Woelfin, 10 Alba Longa, 13 Quirinus, 15 Tiber, 16 Specht, 17 Senat, 18 Romulus
senkrecht: 1 Remus, 3 Vestalin, 4 Ziege, 6 Amulius, 8 Feige, 9 Faustulus, 11 Proca, 12 Numitor, 14 Geier

S. 41
Hügelquiz:
Aventin – Viminal – Palatin – Quirinal – Kapitol – Caelius – Esquilin
VATIKAN

S. 55/56
Würfel, Pferd mit Reiter, Tonvogel (Flöte), Jojo, Reifen, Kreisel, Wagen mit Ziege

S. 57
Mühlespiel
S. 60/61
Das Mädchen jongliert mit Nüssen. Die Jungen versuchen mit einer Nuss einen aufgeschichteten Berg von Nüssen einzuwerfen.
Sphinxenrätsel: Mensch
S. 88
Ein gesunder Geist in einem gesunden Körper.

S. 98
1. Aquisgranum, 2. Germanen, 3. Römerturm, 4. Iupitertempel, 5. Praetorium, 6. Poblicius, 7. Italien, 8. Novaesium, 9. Arminius
AGRIPPINA
S. 113
SKLAVE
S. 143/145
Octopus ist diesmal unschuldig. Alle Gegenstände sind echt römisch.
S. 148/149
Kartoffeln – Kiwi – Grapefruit – Ananas – Avocados – Blumenkohl – Erdnüsse
KIRSCHE
S. 150
Korbsesseln – liegen – dreibeinigen – Speisen zubereiten – Wein
S. 161 - 166
1. Fleischer, 2. Schlosser, 3. Bildhauer, 4. Gemüsehändler, 5. Bäcker, 6. Schmied, 7. Schuster, 8. Baumeister, 9. Walker (Wäscher),

10. Tuchhändler, 11. Wild- und Geflügelhändlerin, 12. Weinhändler, 13. Müller
S. 177/178
1 A und 1 B zeigen das Amphitheater von Arles/Frankreich, das im Mittelalter Stadtmauer war. 1 C zeigt das heutige Aussehen des alten Amphitheaters von Lucca/Italien.
S. 178/179
2 A und 2 C sind Bilder der Porta Nigra in Trier, die im Mittelalter zu einer Kirche umgebaut wurde. 2 B zeigt die Rekonstruktion eines römischen Stadttores in Köln.
S. 180/181
3 A und 3 B zeigen den Titusbogen in Rom, der später, halb verschüttet, als Stadttor diente. 3 B zeigt den Zustand in der Mittes des 18. Jahrhunderts. 3 C ist ein Bild des römischen Triumphbogens in Orange/Frankreich.
S. 181/182
4 A und 4 B zeigen den über 2000 Jahre alten Pont du Gard, die Brücke über den Gard in Südfrankreich. Über diese Brücke führten die Römer ihre Wasserleitung nach Nimes. 4 C zeigt die 1850 erbaute Brücke von Roquefavour in Südfrankreich.
S. 183/184
5 A und 5 B sind Bilder des Tempels der Fortuna Virilis in Rom. 5 C ist ein römischer Tempel in Nimes.

Freya Stephan-Kühn

Viel Spaß
mit den alten Ägyptern!

Memphis zur Zeit des Pharaos Ramses II. ist eine
Stadt voller Leben. Isis und Chonsu fühlen sich
dort wohl. Trotzdem ist es für sie ein großes
Abenteuer, als ihr Vater den Auftrag bekommt,
das Grab des Pharaos in Theben auszugestalten,
und sie ihm dorthin folgen ...

184 Seiten. Arena Taschenbuch. Ab 10 Jahren.
ISBN 978-3-401-01758-7
www.arena-verlag.de

Arena